文·明·解·读·小书库

战国策

下

丁宥允◎著

中国出版集团
现代出版社

图书在版编目（CIP）数据

解读《战国策》（下）／丁宥允编著. —北京：现代
出版社，2014.1
ISBN 978-7-5143-2150-0

Ⅰ. ①解… Ⅱ. ①丁… Ⅲ. ①中国历史－战国时代－史籍－青年读物
②中国历史－战国时代－史籍－少年读物 Ⅳ. ①K231.04－49

中国版本图书馆 CIP 数据核字（2014）第 008554 号

作　　者	丁宥允
责任编辑	王敬一
出版发行	现代出版社
通讯地址	北京市安定门外安华里 504 号
邮政编码	100011
电　　话	010－64267325 64245264（传真）
网　　址	www.1980xd.com
电子邮箱	xiandai@cnpitc.com.cn
印　　刷	北京兴湘印务有限公司
开　　本	710mm×1000mm　1/16
印　　张	16
版　　次	2014 年 1 月第 1 版　2018 年 1 月第 2 次印刷
书　　号	ISBN 978-7-5143-2150-0
定　　价	56.00 元（上下册）

目 录

下 篇

目　录

下 篇

客见赵王

原文

客见赵王曰："臣闻王之使人买马也，有之乎？"王曰："有之。""何故至今不遣？"王曰："未得相马之工也。"对曰："王何不遣建信君乎？"王曰："建信君有国事，又不知相马。"曰："王何不遣纪姬乎？"王曰："纪姬，妇人也，不知相马。"对曰："买马而善，何补于国？"王曰："无补于国。""买马而恶，何危于国。"王曰："无危于国。"对曰："然则买马善而若恶，皆无危补于国。然而王之买马也，必将待工。今治天下，举错非也，国家为虚戾，而社稷不血食，然而王不待工，而与建信君，何也？"赵王未之应也。

客曰："燕郭之法，有所谓桑雍者，王知之乎？"王曰："未之闻也。""所谓桑雍者，便辟左右之近者，及夫人优爱孺子也。此皆能乘王之醉昏，而求所欲于王者也。是能得之乎内，则大臣为之枉法于外矣。故日月晖于外，其贼在于内，谨备其所憎，而祸在于所爱。"

译文

　　有游说之士拜见赵孝成王说："我听说大王要派人去买马，有这回事吗？"赵王回答："有这回事。"说客问："那为什么到现在还没派人去买呢？"赵王说："没有找到会相马的人。"说客就问："大王为什么不派建信君去呢？"赵王答道："建信君要处理国家大事，何况他又不懂相马的事。"说客又问："大王为何不派纪姬去呢？"赵王回答："纪姬是个女人，不懂得相马。"说士继续问道："如果买来了马匹而且特别强健，对国家有什么好处？"赵王回答："对国家没有什么好处。"又问："那么买来了不强健的马匹，又会对国家造成什么危害呢？"赵王答道："对国家没有什么危害。"说士说："既然买的马好或者不好，都对国家没有什么益处或危害。大王您买马却一定要等待一个会相马的人。现在大王治理国家的措施不当，国家衰败、几成废墟，甚至不能祭祀，可是大王不等待善于治理国家的人，却把大权交给建信君，这是为什么？"赵王无言以对。

　　说客继续说道："郭偃之法有所谓'柔痈'的说法，大王您知道吗？"赵王说："我没听说过。"说客说："所谓'柔痈'，是指您左右受宠幸的亲近之臣以及您的夫人、优者和美女等等。这些人都是趁你酒酣耳热之际向您提出自己非分要求的人。这些人的欲望如果能在宫中得到满足，那么大臣就能在外面为非作歹、贪赃枉法了。所以说，太阳和月亮的光芒照亮了世界，可它们内部仍然有黑点。人们十分谨慎地防备自己憎恶的人，可祸患往往却发生在自己溺爱的人身上。"

智慧解读

　　说客先由买马谈起，看起来毫不经意，实际上已经将要说的话作了谋划安排。选马要等相马之人，那么治理国家更需要物色好贤明的大臣。通过选马与治国的类比，昏庸的赵王才有所悟。对待那些明显在走错路的人，我们当然要指斥他的错误来，但批评也要讲艺术。正如《菜根谭》中有言："攻人之恶毋太严，要思其堪受；教人以善毋过高，当使其可从"。

五国伐秦无功

原文

五国伐秦无功，罢于成皋。赵欲构于秦，楚与魏、韩将应之，秦弗欲。苏代谓齐王曰："臣以为足下见奉阳君矣。臣谓奉阳君曰：'天下散而事秦，秦必据宋。魏冉必妒君之有陶也。秦王贪，魏冉妒，则陶不可得已矣。君无构，齐必攻宋。齐攻宋，则楚必攻宋，魏必攻宋，燕、赵助之。五国据宋，不至一二月，陶必得矣。得阴而构，秦虽有变，则君无患矣。若不得已而必构，则愿五国复坚约。愿得赵，足下雄飞，与韩氏大吏东免，齐王必无召也。使臣守约，若与有倍约者，以四国攻之。无倍约者，而秦侵约，五国复坚而宾之。韩、魏与齐相疑也，若复不坚约而讲，臣恐与国之大乱也。齐、秦非复合也，必有缫重者矣。后合与缫重者，皆非赵之利也。且天下散而事秦，是秦制天下也。秦制天下，将何以天下为？臣愿君之蚤计也。

天下争秦有六举，皆不利赵矣。天下争秦，秦王受负海内之国，合负亲之交，以据中国，而求利于三晋，是秦之一举也。秦行是计，不利于赵，而君终不得阴，一矣。

天下争秦，秦王内韩于齐，内成阳君于韩，相魏怀于魏，复合衍交两王，王贲、韩他之曹，皆起而行事是秦之一举也。秦行是计也，不利于赵，而君又不得阴，二矣。

天下争秦，秦王受齐受赵三疆三亲，以据魏而求安邑，是秦之一举也。秦行是计，齐、赵应之，魏不待伐，抱安邑信秦，秦得安邑之饶，魏为上交，韩必入朝秦，过赵已安邑矣，是秦之一举也。秦行是计不利于赵，而君必不得阴，三矣。

天下争秦，秦坚燕、赵之交，以伐齐收楚，与韩而攻，是秦之一举也。秦行是计，而燕、赵应之。燕、赵伐齐，兵始用，秦因收楚而攻魏，不一二月，魏必破矣。秦举安邑而塞女戟，韩之太原绝，下轵道、南阳、高，伐魏，绝韩，二周，即赵自消烁矣。国燥于秦，兵分于齐，非赵之利也。而君终身不得阴，四矣。

天下争秦，秦坚三晋之交攻齐，国破曹屈，而兵东分于齐，秦按兵攻魏，取安邑，是秦之一举。秦行是计也，君按救魏，是以攻齐之已弊，救与秦争战也；君不救也，韩、魏焉免西合？国在谋之中，而君有终身不得阴，五矣。

天下争秦，秦按为义，存亡继绝，固危扶弱，定无罪之君，必起中山与胜焉。秦起中山与胜，而赵、宋同命，何暇言阴？六矣。故曰君必无讲，则陶必得矣。"

"奉阳君曰：'善。'乃绝和于秦，而收齐、魏以成取阴。"

译文

赵、魏、韩、燕、齐五国联合攻打秦国，没有取得成功，罢兵休战，驻在成皋。赵国想和秦国讲和，楚、魏、韩三国准备响应，但齐国不愿这样做。

苏秦对齐王说："我已经为您会见了奉阳君李兑了。我对奉阳君说：'各诸侯国离散了合纵联盟去侍奉秦国，秦国一定会占据宋国，魏冉一定会妒忌您得到阴邑。秦王贪得无厌，魏冉又非常妒忌，因此您是不可能得到阴邑了。假如您不和秦国和解，齐国肯定会进攻宋国。齐国一旦进攻宋国，楚、魏两国也必定会进攻宋国，燕、赵二国再助一臂之力。五国军队进攻宋国，不出一两个月必然拿下陶邑之地。拿下陶邑然后和秦国和解，秦国即使有什么变故，那么您也就没有什么忧患了。如果不得已，一定要和秦国和解，那么就希望五国坚守旧约。希望能由赵国和您担任联盟的领袖，和韩国的重臣一起去鼓励齐王，齐国就肯定不会召回亲秦的韩眠。您就让我来监督盟约的执行，如果盟国中有违背盟约的，就让其他四国共同攻打它。如果五国没有违背盟约的，而是秦国侵略同盟国家，五国就坚守盟约，共同抗拒秦国。现在，韩魏两国和齐国互相猜疑，如果五国不坚守盟约就贸然与秦国讲和，我担心盟国会出现大的内乱。齐秦两国如果不再次联合，那么各诸侯国要么倚重于秦，要么依附于齐国，这两个结果都对赵国极为不利。再说，诸侯国解散了合纵联盟去投靠秦国，那么秦国就能控制天下。秦国一旦控制了天下，那么还有什么诸侯国可言呢？我希望您尽早考虑这件事。

"各诸侯国竞相侍奉秦国，有六种方案，都对赵国极为不利。诸侯竞相侍奉秦国，秦国会与齐国结盟，再与以前背叛连横的诸侯国恢复交往，这就控制了中原地区，那么就会向赵、魏、韩三国索取利益，这是秦国采取的第一个方案。秦国实行这个方案，会对赵国不利，您也最终得不到阴邑，这是其一。

"天下诸侯竞相侍奉秦国，秦王就会让韩去齐国任事，让成阳君执掌韩国事务，让魏怀当魏国的国相，恢复与赵、燕两国的连横阵线。同时，像王贲、韩他等人都再度被起用，执掌大权，这是秦国采取的第二个方案。秦国实行这个方案，对赵国不利，而您又得不到阴邑，这是其二。

"各国诸侯竞相侍奉秦国，秦王接受齐国和赵国，三个强国结成同盟以后，就会控制魏国，索取安邑，这是秦国采取的又一个方案。

秦国实行这个方案，齐赵两国都会响应，魏国等不到秦军进攻就会献出安邑来争取秦国的谅解。秦国取得安邑这样富饶的地方，又和魏国交好，那么韩国必然也要倒向秦国，秦国就会拿魏国献出安邑为借口，要求赵国也割让土地。秦国这样做，会对赵国不利，而您一定不会得到阴邑了，这是其三。

"天下诸侯竞相侍奉秦国，秦国就加强与燕赵两国的外交关系，并联合楚国进攻齐国，联合韩国进攻魏国，这是秦国的又一举措。秦国实行这个方案，燕国和赵国响应。燕赵两国去进攻齐国，战争刚一开始，秦国就会趁机联合楚国进攻魏国，不到一两个月，魏国肯定会破亡。秦国占领安邑，堵塞女戟，韩国在太行的地盘就会孤悬于外。秦军经轵道、南阳去进攻魏国，断绝韩国的后路，包抄东周和西周，那么赵国就自然而然也被削弱了。国家被秦国削弱，军队又去进攻齐国，这对赵国不利，而您终身也得不到阴邑，这是其四。

"诸侯竞相侍奉秦国，秦国加强与赵、魏、韩三国的邦交关系以进攻齐国，使其国势削弱财力耗尽，而军队又分散到东边的齐国，秦国会出兵进攻魏国，夺取安邑，这是秦国采取的一个方案。秦国实行这个方案，您就要去援救魏国，这样就是拿进攻齐国已经疲惫的军队去和秦国交战，您不去援救魏国，韩、魏两国怎么能避免与秦国联合呢？您的国家正在被别人算计，您当然终此一生不可能得到阴邑，这是其五。

"天下诸侯都竞相事奉秦国，秦国于是假装施行仁义于天下，复兴灭亡的国家，接续绝祀的国家，巩固面临危亡的，扶持衰弱的国家，审定无罪的君王，这是秦国采取的又一个方案。秦国实行这一方案，一定会恢复中山国和滕国。秦国复兴中山和滕，赵国的命运就会同宋国一样了，哪有工夫去考虑阴邑？这是其六。

"所以说您一定不要和秦国和解，那么阴邑一定能得到。奉阳君说：'好。'于是放弃和秦国讲和，联合齐国和魏国，以求实现取得陶邑的计划。"

智慧解读

苏秦用选言推理的论辩方法，一下子就说服了奉阳君。所谓选言推理就是先列举对象的所有可能情况，然后一一排除，由此得出另一相反的情况是正确的的结论。苏秦列举了各诸侯国竞相侍奉秦国的六种方案、六种可能性。结果发现在这六种可能性中奉阳君一点也得不到好处，所以就排除了各诸侯国竞相事奉秦国的这一大前提。得出只有放弃与秦国讲和，还有可能得到陶邑的结论。

选言证明的优点在于能彻底消除对方的侥幸心理，将自己论点的反面驳斥得体无完肤、无立锥之地。从而自然地得出自己论点的正确来。在论辩中，这种选言证明应该多加运用。

齐欲攻宋秦令起贾禁之

原文

齐欲攻宋，秦令起贾禁之。齐乃赵以伐宋。秦王怒，属怨于赵。李兑约五国以伐秦无功，留天下之兵成皋，而阴构于秦。又欲与秦攻魏，以解其怨而取封焉。

魏王不说。之齐，谓齐王曰："臣为足下谓魏王曰：'三晋皆有秦患。今之攻秦也，为赵也。五国伐赵，赵必亡矣。秦逐李兑，李兑必死。今之伐秦也，以救李子之于死也。今赵留天下之甲于成皋，而阴鬻之于秦，已讲，则令秦攻魏以成其私封，王之事赵也何得矣？且王尝济于漳，而身朝于邯郸，抱阴、成，负蒿、葛、薛，以为赵蔽，而赵无为王行也。今又以何阳、姑密封其子，而乃令秦攻王，以便取阴。人比然而后如贤不，如王若用所以事赵之半收齐，天下有敢谋王者乎？王之事齐也，无入朝之辱，无割地之费。齐为王之故，虚国于燕、赵之前，用兵于二千里之外，故攻城野战，未尝不为王先被矢石也。得二都，割河东，尽效之于王。自是之后，秦攻魏，齐甲未尝不岁至于王之境也。请问王之所以报齐者可乎？韩处于赵，去齐三千里，王以此疑齐，曰有秦阴。今王又挟故薛公以为相，善韩徐以为上交，尊虞商以为大客，王固可以反疑齐乎？'于魏王听此言也甚怵，其欲事王也甚循。甚怨于赵。臣愿王之日闻魏而无庸见恶也，臣请为王推其怨于赵，愿王之阴重赵，而无使秦之见王之重赵也。秦见之且亦重赵。齐、秦交重赵，臣必见燕与韩、魏亦且重赵也，皆且无敢与赵治。五国事赵，赵从亲以合于秦，必为王高矣。臣故欲王之偏劫天下，而皆私甘之也。王使臣以韩、魏与燕劫赵，使丹也甘之；以赵劫韩、魏，使臣也甘之；以三晋劫秦，使顺也甘之；以天下劫楚，使顺也甘之。则天下皆秦以事王，而不敢相私也。交定，然后王择焉。"

译文

　　齐国想进攻宋国，秦国派起贾前去阻止。齐国就联合赵国共同进攻宋国。秦昭王很生气，把怨恨都集结于赵国。赵国的李兑联合赵、韩、魏、燕、齐五国去攻打秦国，没有成功，于是就把诸侯的军队留在成皋，自己却暗中与秦国和解。同时又想和秦国联合进攻魏国，以此消除秦国对赵国的怨恨，另一方面也可以为自己取得封地。

　　魏昭王很不高兴。苏秦就到齐国去，对齐王说："我替您对魏王说：'赵、魏、韩三国都遭受过秦国的威胁，这次联合进攻秦国，是因为赵国的缘故。如果秦、齐、燕、韩、魏五国联合进攻赵国，赵国必定会灭亡。如果秦国赶走李兑，李兑只有死路一条。现在去讨伐秦国，实际上是在救李兑的性命。如今赵国把诸侯联军驻留在成皋，暗中出卖诸侯，和秦国勾结媾和，并且已订立了和约，还想联合秦国一起来进攻魏国，图谋为李兑夺取封地，这么一来，大王您尊崇赵国究竟又得到了什么好处呢？况且，大王您曾经亲自北渡漳水去邯郸拜访赵王，献出阴、成之地，割让葛、薛，用来作为赵国的屏障，而赵国却一点不为大王效力。现在又把河阳、姑密两地分给李兑的儿子，而李兑却勾结秦国攻打魏国，以便夺取陶邑。大凡人只有通过比较才能知道贤与不贤，大王如果拿出对待赵国一半的诚意去联合齐国，又有哪个诸侯国敢图谋大王您呢？大王您如果为齐国助力，就不会有称臣朝拜的屈辱，也没有割地的损失。齐国因为大王为齐国助力，就会赶在燕、赵两国之前出动所有的军队，在二千里以外的地方作战，不管是攻城，还是野战，齐国军队都会为大王打头阵当先锋。攻下城邑，割取河东之地，全都献给大王。从此以后，秦兵进攻魏国，齐国没有一次不是越过边境前来援救的。请问大王您用来报答齐国的做法又是如何呢？韩在楚国，距离齐国有三千里，大王却因此怀疑齐国，竟说齐国和秦国有私交。现在大王又扶持齐国的故相做国相，把赵将韩徐当作知己，把虞商作为贵客，大王竟然可以反倒对齐国产生怀疑吗？"魏王听了这番话感到自己很理屈，所以很想事奉大王，特别怨恨赵国。我希望大王逐渐了解魏国而不要厌恶它。我请求替大王把秦国对魏国的怨恨转移到赵国去。希望大王您能暗中尊重赵国，而且不让秦国知道大王您看重赵国。秦国知道齐国看重赵国，那么我料想燕、韩、魏三国也必将看重赵国，而且都不敢和赵国对抗。这样，五国共同事奉赵国，赵国又与秦国结成联盟；赵国的地位一定会居于齐国之上。所以，我想让大王您使诸侯之间互相冲突，然后您暗暗从中进行调解。大王可使韩、魏、燕三国与赵国发生冲突，派公玉丹暗中调解；让赵国和韩、魏两国发生冲突，派大臣我去进行调解；让韩、赵、魏三国和秦国发生冲突，派顺子从中说和；让所有诸侯和楚国发王冲突，派韩从中调解。这样，诸侯都会背弃秦国而投靠大王，而且不敢私下与秦国交往。大王的邦交稳定以后，看与五国中的谁友好对您有利，再从中加以选择。"

智慧解读

要想赢得国际霸主的地位，就要处处插手国际事务，在国际政治舞台上经常出头露面、大显身手。有实力者可以操纵各国间的联合结盟、分化与战争。战国时代的秦和齐国就多次挑起国际争端，然后处理这些事端，从而赢得各国的倚重和服从，彰显和巩固自己的领袖地位。冷战时代的美国和苏联，可谓这方面的代表，在国际上翻云覆雨、操纵战争、签署协议，成为世界上的两个超级大国。

战国各诸侯达成合纵联合的目的，是为了各自的兼并扩张，并无互利互存可言。今天联甲攻乙，明天又联乙攻甲。联甲攻乙，既联甲则甲不助乙而减少攻乙之阻力，并可借甲之力而成破乙之功，待乙破甲孤，乙无力助甲之时再回头攻甲。也可以说今日之联甲攻乙，即是为了有利于明日之攻甲。其合纵联合的实质如此而已。这正是合纵连横复杂多变、极不稳定的重要原因。

郑同北见赵王

原文

郑同北见赵王。赵王曰："子南方之傅士也，何以教之？"郑同曰：“臣南方草鄙之人也，何足问？虽然，王致之于前，安敢不对乎？臣少之时，亲尝教以兵。”赵王曰：“寡人不好兵。”郑同因抚手仰天而笑之曰：“兵固天下之狙害也，臣故意大王不好也。臣亦尝以兵说魏昭王，昭王亦曰：‘寡人不喜。’臣曰：王之行能如许由乎？许由无天下之累，故不受也。今王既受先王之传；欲宗庙之安，壤地不削，社稷之血食乎？’王曰：‘然。’今有人操随侯之珠，持丘之环，万金之财，时宿于野，内无孟贲之威，荆庆之断，外无弓弩之御，不出宿夕，人必危之矣。今有强贪之国，临王之境，索王之地，告以理则不可，说以义则不听。王非战国守围之具，其将何以当之？王若无兵，邻国得志矣。”赵王曰：“寡人请奉教。”

译文

郑同北上拜见赵王。赵王说：“您是南方的博学之士，来这里有何见教？”郑同回答说：“我是南方一个鄙陋无知的人，有什么值得您向我请教。当然尽管如此，大王您已经把问题摆在了我面前，我又怎么敢不回答呢？我年轻的时候，父亲曾教给我兵法。”赵王说：“我不喜欢兵法。”郑同听了这话拍手仰天大笑，他说：“兵法本来就是天下最狡诈的人喜欢的东西，我原来就猜想大王您不喜欢它。我早先也曾用兵法游说过魏昭王，昭王也说：‘我不喜欢。’我就说：‘大王的行为能比得上许由吗？许由并没有被世俗的名利牵累，所以不接受尧的禅让。可是现在大王已经接受了先王遗留下的江山，您想要保持祖先的灵魂平安无事，国家的领土不被侵占，社稷之神得到祭祀吗？’魏昭王说：‘那是当然的。’我又说，现在如果有人带着随侯之珠，持丘出产的美玉，揣着万金之财，一个人独自在野外露宿，本身没有孟贲那样的威武、荆庆那样的果断，身边也没有强弓利箭来防御，那么不超过一个晚上，就会被人害死的。现在有强大贪婪的国家进逼大王的边境，向大王索取疆土，晓之以理、动之以义，它们都不会听从，在这种情况下，大王您如果没有争战之国所具有的防御装备，又将用什么去抵御它们呢？大王您如果不讲求用兵的策略，那么邻国的野心就会得逞了。"赵王说："寡人请求你多加指教。"

智慧解读

高洁的道德完人许由只能呆在世外，世上的人如果要做许由，那么只有隐居的一条路。如果要呆在人类社会，要在世上建功立业，必须抛弃掉道德上迂腐的肤浅之见。

谋略并非教人奸诈和邪恶，相反，它正是为了战胜邪恶和侵害、为了保证道义的实现而必须运用的智慧和手段。战争本身非常残酷，但正义战争的目的是为了遏止战争和暴力压迫，是为了安全和正义。不对邪恶进行猛烈的打击和残酷的歼灭，哪里能得来自由和安全？如果让那些无知的仁义之人主宰大事，说不定滋生多少变乱，冒出多少大奸大恶出来。胡林翼、曾国藩都很推崇"以霹雳手段，显菩萨心肠"的警句，他们二人完全以此信条血腥对付太平天国，倘如不残酷，那么儒家的仁义道德、中国数千年来的礼仪人伦岂不一旦扫地荡尽，在他们看来，杀戮和镇压就是为了保全仁义道德。

秦围赵之邯郸

原文

秦围赵之邯郸。魏安厘王使将军晋鄙救赵。畏秦，止于汤阴，不进。

　　魏王使客将军辛垣衍间入邯郸，因平原君谓赵王曰："秦所以急围赵者，前与齐湣王争强为帝，已而复归帝，齐故。今齐湣王已益弱。方今唯秦雄天下，此非必贪邯郸，其意欲求为帝。赵诚发使尊秦昭王为帝，秦必喜，罢兵去。"平原君犹豫未有所决。

　　此时鲁连适游赵，会秦围赵。闻魏将欲令赵尊秦为帝，乃见平原君曰："事将奈何矣？"平原君曰："胜也何敢言事？百万之众折于外，今又内围邯郸而不能去。魏王使将军辛垣衍令赵帝秦，今其人在是，胜也何敢言事！"鲁连曰："始吾以君为天下之贤公子也，吾乃今然后知君非天下之贤公子也。梁客辛垣衍安在？吾请为君责而归之。"平原君曰："胜请召而见之与先生。"平原君遂见辛垣衍曰："东国有鲁连先生，其人在此，胜请为绍介而见之于将军。"辛垣衍曰："吾闻鲁连先生，齐国之高士也。衍，人臣也，使事有职。吾不愿见鲁连先生也。"平原君曰："胜已泄之矣。"辛垣衍许诺。

　　鲁连见辛垣衍而无言。辛垣衍曰："吾视居北围城之中者，皆有求于平原君者也。今吾视先生之玉貌，非有求于平原君者，曷为久居此围城之中而不去也？"鲁连曰："世以鲍焦无从容而死者，皆非也。今众人不知，则为一身。彼秦者，弃礼义而上首功之国也。权使其士，虏使其民。彼则肆然而为帝，过而遂正于天下，则连有赴东海而死。吾不忍为之民也！所为见将军者，欲以助赵也。"

　　辛垣衍曰："先生助之奈何？"鲁连曰："吾将使梁及燕助之。齐、楚则固助之矣。"辛垣衍曰："燕则吾请以从矣。若乃梁，则吾乃梁人也，先生恶能使梁助之耶？"鲁连曰："梁未睹秦称帝之害故也，使梁睹秦称帝之害，则必助赵矣。"辛垣衍曰："秦称帝之害将奈何？"鲁连曰："昔齐威王尝为仁义矣，率天下诸侯而朝周。周贫且微，诸侯莫朝，而齐独朝之。居岁余，周烈王崩，诸侯皆吊，齐后往。周怒，赴于齐曰：'天崩地坼，天子下席。东藩之臣田婴齐后至，则斮！'威王勃然怒曰：'叱嗟，而母婢也。'卒为天下笑。故生则朝周，死则叱之，诚不忍其求也。彼天子固然，其无足怪。"

辛垣衍曰："先生独未见夫仆乎？十人而从一人者，宁力不胜、智不若耶？畏之也。"鲁仲连曰："然梁之比于秦若仆耶？"辛垣衍曰："然。"鲁仲连曰："然吾将使秦王烹醢梁王。"辛垣衍怏然不悦曰："嘻！亦太甚矣，先生之言也。先生又恶能使秦王烹醢梁王？"

鲁仲连曰："固也，待吾言之。昔者，鬼侯、鄂侯、文王，纣之三公也。鬼侯有子而好，故入之于纣，纣以为恶，醢鬼侯。鄂侯争之急，辨之疾，故脯鄂侯。文王闻之，喟然而叹，故拘之于牖里之车，百日而欲令之死。曷为与人俱称帝王，卒就脯醢之地也？

齐闵王将之鲁，夷维子执策而从，谓鲁人曰：'子将何以待吾君？'鲁人曰：'吾将以十太牢待子之君。'夷维子曰：'子安取礼而来待吾君？彼吾君者，天子也。天子巡狩，诸侯辟舍，纳筦键，摄衽抱几，视膳于堂下，天子已食，退而听朝也。'鲁人投其龠，不果纳，不得入于鲁。将之薛，假涂于邹。当是时，邹君死，闵王欲入吊。夷维子谓邹之孤曰：'天子吊，主人必将倍殡柩，设北面于南方，然后天子南面吊也。'邹之群臣曰：'必若此，吾将伏剑而死。'故不敢入于邹。邹、鲁之臣，生则不得事养，死则不得饭含。然且欲行天子之礼于邹鲁之臣，不果纳。

今秦万乘之国，梁亦万乘之国。俱据万乘之国，交有称王之名，睹其一战而胜，欲从而帝之，是使三晋之大臣，不如邹、鲁之仆妾也。且秦无已而帝，则且变易诸侯之大臣。彼将夺其所谓不肖，而予其所谓贤；夺其所憎，而与其所爱。彼又将使其子女谗妾为诸侯妃姬，处梁之宫，梁王安得晏然而已乎？而将军又何以得故宠乎？"

于是辛垣衍起，再拜谢曰："始以先生为庸人，吾乃今日而知先生为天下之士也。吾请去，不敢复言帝秦。"秦将闻之，为却军五十里。

适会魏公子无忌夺晋鄙军以救赵击秦，秦军引而去。于是平原君欲封鲁仲连。鲁仲连辞让者三，终不肯受。平原君乃置酒，酒酣，起前以千金为鲁仲连寿。鲁仲连笑曰："所贵于天下之士者，为人排患、释难、解纷乱而无所取也。即有所取者，是商贾之人也，仲连不忍为也。"遂辞平原君而去，终身不复见。

译文

秦国围困赵国都城邯郸。魏安厘王派大将晋鄙将军援救赵国，但魏王与晋鄙都畏惧秦军，所以魏军驻扎在魏赵接壤的汤阴，不敢前进。

魏王又派客将军辛垣衍秘密潜入邯郸城，通过平原君对赵王说："秦国之所以加紧围攻邯郸的原因，是因为先前它与齐王互相争强逞威称帝，后来齐王去掉帝号。因为齐国不称帝，所以秦国也取消了帝号。如今，齐国日渐衰弱，只有秦国能在诸侯之中称雄争霸。可见，秦国不是为了贪图邯郸之地，其真正目的是想要称帝。如果赵国真能派遣使者尊崇秦昭王为帝，秦国肯定会很高兴，这样秦兵就会自解邯郸之围。"平原君一直很犹豫，没有作出决定。

这个时候，鲁仲连恰巧到赵国游历。正碰上秦军围攻邯郸，他听说魏国想要让赵国尊崇秦王为帝，就去见平原君说："事情现在怎样了？"平原君回答说："我赵胜现在还敢谈战事？赵国的百万大军战败于长平，秦军现在又深入赵国，围困邯郸，没有什么办法可以使他们离去。魏王派客将军辛垣衍叫赵国尊秦为帝，现在辛将军就在邯郸，我还能说什么呢？"

鲁仲连说："刚开始我一直以为您是诸侯国中圣明的贵公子，今天我才知道您并不贤明。魏国来的那位叫辛垣衍的客人在哪里？请让我为您当面去斥责他，让他回到魏国去。"平原君说："那我就把他叫来跟先生您见见面吧！"平原君于是就去见辛垣衍，说："齐国有位叫鲁仲连的先生，他现在正在这里，我把他介绍给您，让他来跟你见见面。"辛垣衍说："我已听说过鲁仲连先生，他是齐国的高尚贤明之士。而我辛垣衍，魏王的臣子，此次出使是担负有重要职责的，我不想见鲁仲连先生。"平原君说："我已经把你在这里的消息告诉他了。"辛垣衍不得已，答应去见鲁仲连。

鲁仲连见到辛垣衍后，没有首先开口。辛垣衍说："据我观察，居住在这个被围困的都城中的人，都是有求于平原君的。可现在我一见到先生的仪容相貌，不像是有求于平原君的人，为什么久留在这个围城之中而不离开呢？"鲁仲连说："世上那些认为鲍焦（周时隐士，嫉世愤时）是不能自我宽容而死去的人，都是错误的。现在一般人不了解鲍焦的死因，认为他是为了自身利益而死的。那秦国，是一个抛弃了仁义礼制而崇尚杀敌斩首之功的国家，以权术驾驭臣下，像奴隶一样役使它的百姓。如果让秦国肆无忌惮地称了帝，然后再进一步以自己的政策号令天下，那么我鲁仲连只有跳东海自杀了，我不能容忍做它的顺民。我之所以要见将军，只是想对赵国有所帮助。"

辛垣衍问："先生您将怎样帮助赵国呢？"鲁仲连说："我要让魏国和燕国发兵救赵，而齐国、楚国倒是本来就会帮助它的。"辛垣衍说："燕国么，我倒是真的认为它会听从您的。至于魏国，我就是刚从魏国来的，先生怎么能使魏国帮助赵国呢？"鲁仲连回答："那是因为魏国还没有看到秦国称帝的危害的缘故。如果让魏国了解了这一点，那么它一定会救助赵国的！"

辛垣衍又问道："秦国称帝究竟会有些什么危害呢？"鲁仲连说："当初齐威王曾施行仁义之政，率领各诸侯国去朝见周天子。当时的周王室又贫穷又衰弱，诸侯们都没去朝见，只有齐国朝见他。过了一年多时间，周烈王死了，各诸侯国都去吊丧，齐国去得晚了。周室大臣都很生气，在给齐国的讣告里说：'天子驾崩，如同天地塌陷，新天子都亲自守丧。而戍守卫东部边防的诸侯齐国的田婴竟敢迟到，按理应该杀掉才是。'齐威王勃然大怒，竟然骂道："呸！你妈也不过是个奴婢罢了。'结果成了天下的笑柄。齐威王之所以在周天子活着的时候去朝见他，死后却辱骂他，这实在是因为忍受不了周室过分的苛求啊！然而做天子的，本来就如此，这并没有什么可大惊小怪的。"

辛垣衍说："先生您难道没有见过奴仆吗？十个仆人跟随一个主子，难道是因为他们的力量和智慧都胜不过吗？不，只是由于惧怕主人罢了！"鲁仲连问："这样说来，魏国和秦国的关系就像是仆人与主子的关系了？"辛垣衍回答："是的。"鲁仲连问："既然如此，那么我就可以让秦王把魏王煮了剁成肉酱！"辛垣衍很不服气地说："咳！先生您的话太过了，您又怎么能让秦王把魏王煮了剁成肉酱呢？"鲁仲连说："当然可以，等我讲给您听。从前，鬼侯、鄂侯、文王三个人是商纣王所封的三个诸侯。鬼侯有个女儿很漂亮，所以就把她送进纣的后宫，纣却认为她丑陋，就把鬼侯剁成肉酱。鄂侯因为此事极力为鬼侯辩护，所以被纣王杀死后制成了肉干。文王听说后，长声叹息，纣王就把文王囚禁在牖里的库房里一百天，还要把它置于死地。是什么原因使这些同别人一样称王称帝的人，最后却落到被人制成肉酱、肉干的下场呢？

齐闵王准备去鲁国，夷维子驾车随行。夷维子问鲁国人：'您打算用什么样的礼节接待我的国君呢？'鲁国人回答：'我们准备用十太牢的规格来款待贵国国君。'夷维子说：'您怎么能用这样的礼节来接待我们的国君呢？我们的国君是天子。天子巡视四方，各诸侯国君都要离开自己的宫室到别处避居，还要交出钥匙，自己提起衣襟，捧着几案，在堂下侍候天子吃饭。天子吃完饭，诸侯才能告退去处理政务。'鲁国人一听这番话，立刻锁门下匙，没有让他们进城。齐王不能进入鲁国，又准备到薛地去，向邹国借路通行。恰巧在这个时候，邹国国君死了。闵王想入城吊丧，夷维子就对邹国的孝子说：'天子来吊丧，主人一定要把灵柩移到相反的方向，在南边设立朝北的灵堂，然后让天子面向南祭吊。'邹国的大臣们说:'如果一定要这么办,我们就只有以死抗争了。'所以,齐闵王就没有胆量进入邹城。鲁国和邹国的臣子,都很贫寒,生前领不到俸禄,死后又得不到很好的安葬,然而一旦(齐王)委让他们对其行天子之礼时,他们也都不能接受。

现在秦国是拥有万辆兵车的大国,魏国也是拥有万辆兵车的大国,彼此都是拥有万辆兵车的大国,相互都有称王的名分,仅仅看到秦国打了一次胜仗,就要尊秦为帝,这样看来,赵、韩、魏三国的大臣还不如邹、鲁二国的大臣啊!况且秦国一旦顺利地实现了它称帝的野心,会马上更换各诸侯国的大臣们。他们将撤换他们认为没有才能的臣子,把职务授与他们认为有才能的人;撤换他们所憎恨的人,把职务授与他们亲近的人。他们还会把他们的女儿和那些善于毁贤嫉能的女人配给诸侯充当妃嫔,日夜谗毁。这样的女人进入魏王的王宫里,魏王还能安安然然地过日吗?而将军您又怎么能继续像原来那样受宠信呢?"

于是,辛垣衍站起身来,向鲁仲连拜了两拜,道歉说:"起初我还以为先生是个平庸之辈,如今我才知道先生是能经纬天下的士人呀!请让我离开这里,我不敢再说尊秦为帝的事了。"秦国的将军听说这件事后,把围困邯郸的部队撤退了五十里。

恰巧这时魏国的公子无忌夺取了晋鄙的兵权,率领军队前来援救赵国,进攻秦军。秦军撤退,离开了邯郸。这时,平原君想封赏鲁仲连。鲁仲连再三辞让,始终不肯接受。平原君就摆酒宴款待他。当酒喝得正畅快的时候,平原君站起身来,上前用千金向鲁仲连祝福。鲁仲连笑着说:"天下之士所看重的,是替人排除忧患,解除危难,排解纷乱而不收取任何报酬。如果说收取报酬,那就和买卖人没有什么区别了。我鲁仲连不忍心做这样的事。"于是辞别平原君而离开赵国,终身不再露面。

智慧解读

鲁仲连排患释难，在侠义的天下之士精神感召下，说服了魏国拯救了赵国。他论辩的主旨是指出诸侯国不应该向残暴专制、妄图称帝的强秦低头。他一方面指出诸侯国们伺候天子时丧失尊严的屈辱悲惨状况，指出倘若秦国称帝那么各国不会有好日子过，届时肯定会"人为刀俎、我为鱼肉"，就是诸侯国的大臣也岌岌可危。另一方面举出众多宁死不屈的诸侯国及其大臣，借以唤醒那些投降派们的斗志和勇气。这样从正反两方面的论证说服，终于使原来打算事秦的大臣和国家走上了联合抗暴的道路，从而也化解了赵国的重大危机。

鲁仲连的演说激情洋溢、斗志昂扬，说理透彻、推理严密，折射出他强大的情感力量和严谨的思维能力。论辩是集情感、语言能力、心理素质、逻辑能力和知识储备为一体的高难度艺术，论辩虽然以语言为载体，但语言是人的知识、情感、意志的外化。在论辩中只有具备严密的思维能力，才能滴水不漏、所向披靡，而论辩如果缺乏热情和情感力量，那么很难撼人心魄。

赵惠文王三十年

原文

赵惠文王三十年，相都平君田单问赵奢曰："吾非不说将军之兵法也，所以不服者，独将军之用众。用众者，使民不得耕作，粮食挽赁不可给也。此坐而自破之道也，非单之所为也。单闻之，帝王之兵，所用者不过三万，而天下服矣。今将军必负十万、二十万之众乃用之，此单之所不服也。"

马服曰："君非徒不达于兵也，又不明其时势。夫吴干之剑，肉试则断牛马，金试则截盘匜；薄之柱上而击之，则折为三，质之石上而击之，则碎为百。今以三万之众而应强国之兵，是薄柱击石之类也。且夫吴干之剑材，难夫毋脊之厚，而锋不入；无脾之薄，而刃不断。兼有是两者，无钩纉镡蒙须之便，操其刃而刺，则未入而手断。君无十余、二十万之众，而为此钩纉镡蒙须之便，而徒以三万行于天下，君焉能乎？且古者四海之内，分为万国。城虽大，不过三百丈者。人虽众，不过三千家者。而以集兵三万，距此奚难哉！今取古之为万国者，分以为战国七，能具数十万之兵，旷日持久，数岁，即君之齐已。齐以二十万之众攻荆，五年乃罢。赵以二十万之众攻中山，五年乃归。今者齐韩相方，而国围攻焉，岂有敢曰，我其以三万救是者乎哉？今千丈之城，万家之邑相望也，而索以3万之众，围千丈之城，不存其一角，而野战不足用也，君将以此何之？"都平君喟然太息曰："单不至也！"

译文

赵惠文王三十年，相国安平君田单与赵奢交谈，他说："我不是不喜欢将军您的用兵策略，让我不怎么敬佩的只是您使用的兵员太多。使用的兵员多，百姓就不能很好地耕种，粮食也要从别国卖入，远距离输送，不能保证军队供应，这是不攻自破、坐以待毙的办法，我不会这样做。我听说过，帝王用兵不超过三万人，天下就能归服。现在将军您每次一定要凭借十万乃至二十万的大量兵员才能作战，这是我所不佩服的。"

马服君赵奢说："看来您不仅不通晓用兵之道，而且也不明了如今的军事形势。那吴国的干将之剑，加之于肉体可以砍断牛、马，加之于金属可以割断盘、匜。如果把它靠在柱子上砍，就会折为三段；把它垫在石头上砸，就会碎为百片。现在用三万兵力去对付强大国家的军队，这就像是把宝剑靠在柱子上、垫在石头上砸它一样。况且那吴国的干将之剑虽然锋利，更难得的是如果剑背不足够厚，剑尖就无法刺人；剑面不足够轻薄，剑刃就无法断物。如果同时具备了这样的剑背和剑面，但是没有剑环、剑刃、剑柄、剑绳等辅助之物，那就只好手持剑刃去刺物了，这样的话，剑还没有刺别人物，自己的手指就先被割断了。您如果不拥有十几、二十万的兵力作为像剑环、剑镖这样的配合部分，只想凭借三万名精英横行于天下，怎么能做到呢？何况，古时候天下分成很多个诸侯国。即使是大城邑，城墙也没有超过三百丈的；人口即使多，也没有超过三千家的。如果用训练有素的三万军队去攻打这样的城邑，还有什么困难呢？如今，古代众多的诸侯国已经归并成为战国七雄，它们可以召集十万兵力，打旷日持久的消耗战，如果这样持续几个年头，就会出现你们齐国（被燕攻破）那样的状况。齐国动用二十万兵力攻楚，五年才结束战争；赵国出动二十万兵力灭中山，整整打了五年才告成功。假如说，现在齐、韩两国势均力敌，又相互围攻，有谁敢对我夸下海口，说他能用三万兵力去援救这两国呢？现在方圆千丈的大城、户口上万的大邑相互对峙，如果想用三万的兵力去包围千丈的大城，恐怕连城的一角都围不住，至于进行野战就更加不够了，你能拿这点兵力去干什么呢？"安平君田单长叹了一口气，说："我确实比不上您的高明呀！"

智慧解读

用干将之剑作比喻，形象生动而且易于让人理解。先比喻，调动人的感性思维，让人获得一个生动的、笼统的认识，然后就事论事，分析为什么打仗要众多兵员的具体原因，调动人的理性思维，让人从道理上获得一个心服口服的认识。如果光有类比比喻，没有理性说服，那么失之浅薄，而如果光有理性说服，没有类比比喻，那么就失之枯燥、呆板。赵奢虽为一武将，但是辩才上也出类拔萃，他最为出色之处，就在于将比喻类比与理性说服结合了起来。

武灵王平昼闲居

原文

武灵王平昼闲居，肥义侍坐，曰："王虑世事之变，权甲兵之用，念简、襄之迹，计胡、狄之利乎？"

王曰："嗣立不忘先德，君之道也；错质务明主之长，臣之论也。是以贤君静而有道民便事之教，动有明古先世之功。为人臣者，穷有弟长辞让之节，通有补民益主之业。此两者，君臣之分也。今吾欲继襄主之业，启胡、翟之乡，而卒世不见也。敌弱者，用力少而功多，可以无尽百姓之劳，而享往古之勋。夫有高世之功者，必负遗俗之累；有独知之虑者，必被庶人之恐。今吾将胡服骑射以教百姓，而世必议寡人矣。"

肥义曰："臣闻之，疑事无功，疑行无名。今王即定负遗俗之虑，殆毋顾天下之议矣。夫论至德者不和于俗，成大功者不谋于众。昔舜舞有苗，而禹袒入裸国，非以养欲而乐志也，欲以论德而要功也。愚者暗于成事，智者见于未萌，王其遂行之。"

王曰："寡人非疑胡服也，吾恐天下笑之。狂夫之乐，知者哀焉；愚者之笑，贤者戚焉。世有顺我者，则胡服之功未可知也。虽世以笑我，胡地中山吾必有之。"

王遂胡服。使王孙绁告公子成曰："寡人胡服，且将以朝，亦欲叔之服之也。家听于亲，国听于君，古今之公行也。子不反亲，臣不逆主，先王之通谊也。今寡人作教易服，而叔不服，吾恐天下议之也。夫制国有常，而利民为本；从政有经，而令行为上。故明德在于论贱，行政在于信贵。今胡服之意，非以养欲而乐志也。事有所出，功有所止。事成功立，然后德且见也。今寡人恐叔逆从政之经，以辅公叔之议。且寡人闻之，事利国者行无邪，因贵戚者名不累。故寡人愿募公叔之义，以成胡服之功。使绁谒之叔，请服焉。"

公子成再拜曰："臣固闻王之胡服也，不佞寝疾，不能趋走，是以不先进。王今命之，臣固敢竭其愚忠。臣闻之：中国者，聪明知之所居也，万物财用之所聚也，贤圣之所教也。仁之所施也，书礼乐之所用也，异敏技艺之所试也，远方之所观赴也，蛮夷之所义行也。王释此，而袭远方之服，变古之教，易古之道，逆人之心，畔学者，离中国，臣愿大王图。"

使者报王。王曰："吾固闻叔之病也。"即之公叔成家，自请之曰："夫服者，所以便用也；礼者，所以便事也。是以圣人观其乡而顺宜，因其事而制礼，所以利其民而厚其国也。被发文身，错臂左衽，瓯越之民也。黑齿雕题，鳀冠秫缝，大吴之国也。礼服不同，其便一也。是以乡异而用变，事异而礼易。是故圣人苟可以利其民，不一其用；果可以便其事，不同其礼。儒者一师而礼异，中国同俗而教离，又况山谷之便乎？故去就之变，知者不能一；远近之服，贤圣不能同。穷乡多异，曲学多辨。不知而不疑，异于己而不非者，公于求善也。今卿之所言者，俗也。吾之所言者，所以制俗也。今吾国东有河、薄洛之水，与齐、中山同之，而无舟楫之用。自常山以至代、上党，东有燕、东胡之境，西有楼烦、秦、韩之边，而无骑射之备。故寡人且聚舟楫之用，求水居之民，以守河、薄洛之水；变服骑射，以备其参胡、楼烦、秦、韩之边。且昔者简主不塞晋阳，以及上党，而襄王兼戎取代，以攘诸胡，此愚知之所明也。先时中山负齐之强兵，侵掠吾地，系累吾民，引水围鄗，非社稷之神灵，即鄗几不守。先王忿之，其怨未能报也。今骑射之服，近可以备上党之形，远可以报中山之怨。而叔也顺中国之俗以逆简、襄之意，恶变服之名而忘国事之耻，非寡人所望于子！"

公子成再拜稽首曰："臣愚不达于王之议，敢道世俗之间。今欲断简、襄之意，以顺先王之志，臣敢不听令。"再拜，乃赐胡服。

赵文进谏曰："农夫劳而君子养焉，政之经也。愚者陈意而知者论焉，教之道也。臣无隐忠，君无蔽言，国之禄也。臣虽愚，愿竭其忠。"王曰："虑无恶扰，忠无过罪，子其言乎。"赵文曰："当世辅俗，古之道也。衣服有常，礼之制也。修法无愆，民之职也。三者，先圣之所以教。今君释此，而袭远方之服，变教之古，易古之道，故臣愿王之图之。"

王曰："子言世俗之间。常民溺于习俗，学者沉于所闻。此两者，所以成官而顺政也，非所以观远而论始也。且夫三代不同服而王，五伯不同教而政。知者作教，而愚者制焉。贤者议俗，不肖者拘焉。夫制于服之民。不足与论心；拘于俗之众，不足与致意。故势与俗化，而礼与变俱，圣人之道也。承教而动，循法无私，民之职也。知学之人，能与闻迁，达于礼之变，能与时化。故为己者不待人，制今者不法古，子其释之。"

赵造谏曰："隐忠不竭，奸之属也。以私诬国，贼之类也。犯奸者身死，贱国者族宗。反此两者，先圣之明刑，臣下之大罪也。臣虽愚，愿尽其忠，无遁其死。"王日："竭意不讳，忠也。上无蔽言，明也。忠不辟危，明不距人。子其言乎。"

赵造曰："臣闻之，圣人不易民而教，知者不变俗而动。因民而教者，不劳而成功；据俗而动者，虑径而易见也。今王易初不循俗，胡服不顾世，非所以教民而成礼也。且服奇者志淫，俗辟者乱民。是以莅国者不袭奇辟之服，中国不近蛮夷之行，非所以教民而成礼者也。且循法无过，修礼无邪，臣愿王之图之。"

王曰："古今不同俗，何古之法？帝王不相袭，何礼之循？宓戏、神农教而不诛，黄帝、尧、舜诛而不怒。及至三王，观时而制法，因事而制礼，法度制令，各顺其宜；衣服器械，各便其用。故礼世不必一其道，便国不必法古。圣人之兴也，不相袭而王。夏、殷之衰也，不易礼而灭。然则反古未可非，而循礼未足多也。且服奇而志淫，是邹、鲁无奇行也；俗辟而民易，是吴、越无俊民也。是以圣人利身之谓服，便事之谓教，进退之谓节，衣服之制，所以齐常民，非所以论贤者也。故圣与俗流，贤与变俱。谚曰：' 以书为御者，不尽于马之情。以古制今者，不达于事之变。' 故循法之功，不足以高世；法古之学，不足以制今。子其勿反也。"

译文

赵武灵王平日里闲着的时候，独自居住，肥义在旁边陪坐，说："大王您是不是在考虑目前时事的变化，权衡兵力的合理使用，思念简子、襄子的光辉业绩，盘算如何从胡、狄那里得到好处呢？"

赵武灵王回答说："继承君位不忘祖先的功德，这是做君王应遵循的原则；委身于君，致力于光大君主的长处和功绩，这是做臣子的本分。所以贤明的君王在平时就要教育老百姓为国出力，战时则要争取建立继往开来的功业。做臣子的，在不得志时要保持尊敬长辈谦虚退让的品行，地位显达以后要做出有益于百姓和君王的事业。这两个方面，是做君王和臣下的应尽职责。现在我想继承襄主的事业，开发胡、翟居住的地区，但是我担心一辈子也没有人理解我的用心。敌人的力量薄弱，我们付出的力量不大，就会取得非常大的成果，不使百姓疲惫，就会得到简子、襄子那样的功勋。建立了盖世功勋的人，必然要遭受一些世俗小人的责难；而有独到见解的人，也必然会招惹众人的怨恨。现在我准备教导民众穿着胡服练习骑马射箭，这样一来，国内一定会有人非议指责我。"

肥义说："我听说，做事情犹豫不决就不可能成功，行动在即还顾虑重重就决不会成名。现在大王既然下定决心背弃世俗偏见，那就一定不要顾虑天下人的非议了。凡是追求最高道德的人都不去附和俗人的意见；成就伟大功业的人都不会去与众人商议。从前舜跳有苗（上古南方部族）的舞蹈，禹光着身子进入不知穿衣服的部落，他们并不是想放纵情欲，怡乐心志，而是想借此宣扬道德，建立功业，求取功名。愚蠢的人在事情发生以后还看不明白，而聪明的人却能在事情未发生之前就有所察觉，大王您还是马上按您的想法去付诸实施吧。"

赵武灵王说："我不是对'胡服骑射'这件事有什么顾虑，而是担心天下人笑话我。狂狷的人觉得高兴的事，有理智的人会为此感到悲哀；愚蠢的人高兴的事，贤明者却对此担忧。如果国人都支持我的话，那么改穿胡服的功效就不可估量。即使举世的百姓都讥笑我，北方胡人和中山国的地方我也一定会得到手。"

赵武灵王于是改穿胡人的服装。武灵王派王孙绁去告诉公子成自己的意思，说："我已经改穿胡服了，而且将要穿着它上朝，我希望王叔也改穿胡服。在家里听命于父母，在朝廷要听命于君王，这是自古至今公认的道理；子女不能违背父母，臣子不许抗拒君王，这是先王定下的通则。现在我下令改穿胡服，如果王叔您不穿它，我担心天下的人对此会有所议论。治理国家要有一定的原则，但要以有利于民众为出发点；处理政事有一定的法则，但首先的是政令能够顺利施行。所以，要想修明朝廷的德政，必须考虑普通民众的利益，要想执掌国家的政权首先要使贵族接受君命。现在我改穿胡服的目的，并不是想纵情恣欲只顾自己享乐。事情一旦开了头，就有成功的基础、等到事情成功以后，政绩才能显现出来。现在我担心王叔违背了从政的原则，以至助长贵族们对我的非议。何况我曾听说过，只要你做的事情有利于国家就不必顾忌别人说什么，依靠贵族来办事，就不会遭人非议。所以我希望仰仗王叔的威望，促成改穿胡服这件事的成功。我派王孙绁特地来禀告您，希望您也穿上胡服。"

公子成再三拜谢说："我本来已经听说大王改穿胡服这件事了，只是因我卧病在床，行动不便，因此没能尽快去拜见大王，当面陈述我的意见。现在大王您既然通知了我，我就理应大胆地尽我的一点愚忠。我听说，中原地区是聪明而有远见的人士居住的地方，是各种物资和财富聚集的地区，是圣贤对人进行教化的地方，是德政仁义普遍施行的地方，是读《诗》《书》《礼》《乐》的地方，是各种奇巧技艺得以施展的地方，是各国诸侯不远千里前来观光的地方，是四方落后少数民族效仿学习的地方。现在大王却舍弃这些优秀文化，因袭落后部族的服装，这是改变传统教育方法，更新古代的道德准则，违背众人的心意，从而使学习的人背离了先王之道，抛弃了中原的先进文化。我希望大王您慎重地考虑这件事。"

王孙绁把公子成的话报告给赵武灵王。武灵王说："我就知道王叔反对这件事。"于是马上就去公子成家里，亲自向他阐述自己的观点："大凡衣服是为了便于穿用，礼制是为了便于办事。因此圣贤之人观察当地的习俗然后制定与之相适应的措施，根据具体的情况来制定礼法，这样做既有利于民众，也有益于国家。剪掉头发，在身上刺花纹，两臂交错站立，衣襟向左掩，这是瓯越人民的风俗。染黑牙齿，在额头雕画，头戴鱼皮帽子，身穿缝纫粗拙的衣服，这是吴国的风俗。礼制和服饰虽然不同，但求其利国便民却是一致的。因此，地方不同，所采用的器物就不一样，情况不同，使用的礼制也有所改变。因此，圣贤的君主只制订有利于百姓的政策，但并不统一他们的器物用度；

如果可以方便行事，礼制完全可以不相同。儒生虽都师从同一老师，可是传下来的礼法却各不相同；中原地区风俗相同，但各国的政教不同，更何况地处偏僻山区，难道不更应该考虑便宜行事吗？所以说对于风俗礼制的取舍变化多端，即使聪明人也无法统一；不同地区的服式，即使圣贤君主也难以使其一致。偏僻的地方人们少见而多怪，孤陋寡闻的人喜欢争辩，不熟悉的事情不要轻易怀疑，对和自己不同的意见不非议，这才是无私地追求真理的态度。现在王叔您所说的是有关适应风俗的意见；我所说的则是如何改变旧的传统。现在，我国东面有黄河、漳水，是和齐国、中山共同拥有的边境，但却没有战船守御它。从常山到代郡、上党郡，东面与燕国和东胡接壤，西面与楼烦、秦国、韩国紧紧相邻，但我们没有骑兵部队防守。所以我准备制造战船，招募习于水战的居民，让他们来防守黄河、漳水；改穿胡服，练习骑马射箭，防备与燕国、东胡、楼烦、秦国、韩国的边境。从前简子不把自己限于晋阳和上党两个地方，襄子兼并了戎族和代郡，以抵御胡人。这些道理不论是愚笨之人还是聪明之人都明白。过去，中山国倚仗齐国强大的军队的支持，侵犯掠夺我国的土地，掳掠囚禁我国的人民，引水围灌鄗城，假若不是祖宗神灵的保佑，鄗城几乎被攻破。先王对这事非常气愤，直到今天，他们的仇怨还没有报。现在我们推行'胡服骑射'的政策，从近处说，可以扼守上党这样形势险要的地方；从远处说，可以报中山侵略先王的仇恨。可王叔您却偏偏要因袭中原的旧俗，违背简子和襄子的遗愿，憎恶改变服式的做法，却忘记了国家曾遭受的耻辱，这决不是我期望您做的啊！"

公子成听了，对武灵王大礼参拜谢罪，他说："我太愚蠢了，竟没有体会到大王的良苦用心，所以才冒昧地说了一些世俗的言论。现在大王想要继承简子、襄子的意愿，实现先王和遗志，我怎么敢不服从命令呢！"公子成又拜了两拜。于是赵武灵王就赐给他胡服。

赵文劝谏武灵王说："农夫辛勤耕作以供养君子，这是治理国家

紧随时势的变化。有句谚语说："按照书本来驾车的人，就不能充分发挥马的实际能力；采用古代的礼法来治理当今的国家，就不能符合当今社会的实际。'所以，遵循现成的制度建立的功业不可能超过当世，效法古人的作法，就不能够管理好现在的国家，您还是不要反对吧。"

智慧解读

"有高世之功者，必负遗俗之累；有独知之虑者，必被庶人之怨"。与历史上的任何变法者一样，赵武灵王遭遇到保守势力的激烈反对，保守只在于人们的安于现状、不思进取和对未来的不安全感，大多数人愿意处在现实的安全状态之中，而对那些改变、破坏现有格局的人物必定非常的厌恶和痛恨。英雄之异于常人，在于克服了人们的这种短视和惰性，看到了未来的机遇和危机，高瞻远瞩、谋求未来的安全和发展。所以作为英雄，是"论至德者，不和于俗；成大功者，不谋于众"类型的人物。如果安于现状、思维和行动受外界环境之制约，那么也就只能沦为庸众而不自拔、与英雄豪杰无涉了。

"古今不同俗，何古之法？帝王不相袭，何礼之循？"赵武灵王不仅有雄才大略，而且口才出众、雄辩滔滔、善于析事明理。就如何看待礼法，他提出礼法的目的只是"利其民而厚其国"，古代圣人只是"因其事而制礼"，他向那些反对派指出任何礼法都是特定历史条件的产物，没有亘古不变的礼法。礼法的作用也是有条件的，因而也是有限的。"乡异而用变""事异而处易"，礼法有必要随着时代的变化发展而改变。赵武灵王不仅阐明了针对礼法的道理和原则，而且通过对形势的分析，指出变法的迫切性。他首先阐明赵国的周边形势和周边国家军事力量的特点，然后阐述赵国面对这些国际形势的应对策略，让人觉得以赵国当时的状况是难以应付复杂的军事斗争形势的，因而自然而然地产生了必须变革礼法、改革军制的愿望，这样，"胡服骑射"的变革观念也就自然地进入到听者的头脑里。

苏秦从燕之赵

原文

苏秦从燕之赵，始合从，说赵王曰："天下之卿相人臣，乃至布衣之士，莫不高贤大王之行义，皆愿奉教陈忠于前之日久矣。虽然，奉阳君，大王不得任事，是以外宾客游谈之士，无敢尽忠于前者。今奉阳君捐馆舍，大王乃今然后得与士民相亲，臣故敢献其愚，效愚忠。为大王计，莫若安民无事，请无庸有为也。安民之本，在于择交，择交而得则民安，择交不得则民终身不得安。请言外患：齐、秦为两敌，而民不得安；倚秦攻齐，而民不得安；倚齐攻秦，而民不得安。故夫谋人之主，伐人之国，常苦出辞断绝人之交，愿大王慎无出与口也。

请屏左右，白言所以异，阴阳而已矣。大王诚能听臣，燕必致毡裘狗马之地，齐必致海隅鱼盐之地，楚必致桔柚云梦之地，韩、魏皆可使致封地汤沐之邑，贵戚父兄皆可以受封侯。夫割地效实，五伯之所以复军禽将而求也；封侯贵戚，汤、武之所以放杀而争也。今大王垂拱而两有之，是臣之所以为大王愿也。大王与秦，则秦必弱韩、魏；与齐，则齐必弱楚、魏。魏弱则割河外，韩弱则效宜阳。宜阳效则上郡绝，河外割则道不通。楚弱则无援。此三策者，不可不熟计也。夫秦下轵道则南阳动，劫韩包周则赵自销铄，据卫取淇则齐必入朝。秦欲已得行于山东，则必举甲而向赵。秦甲涉河逾漳，据番吾，则兵必战于邯郸之下矣。此臣之所以为大王患也。

当今之时，山东之建国，莫如赵强。赵地方二千里，带甲数十万，车千乘，骑万匹，粟支十年；西有常山，南有河、漳，东有清河，北有燕国。燕固弱国，不足畏也。且秦之所畏害于天下者，莫如赵。然而秦不敢举兵甲而伐赵者，何也？畏韩、魏之议其后也。然则韩、魏，赵之南蔽也。秦之攻韩、魏也，则不然。无有名山大川之限，稍稍蚕食之，傅之国都而止矣。韩、魏不能支秦，必入臣。韩、魏臣于秦，秦无韩、魏之隔，祸中于赵矣。此臣之所以为大王患也。

臣闻，尧无三夫之分，舜无咫尺之地，以有天下。禹无百人之聚，以王诸侯。汤、武之卒不过三千人，车不过三百乘，立为天子。诚得其道也。是故明主外料其敌国之强弱，内度其士卒之众寡、贤与不肖，不待两军相当，而胜败存亡之机节，固已见于胸中矣，岂掩于众人之言，而以冥冥决事哉！

臣窃以天下地图案之。诸侯之地五倍于秦，料诸侯之卒，十倍于秦。六国并力为一，西面而攻秦，秦必破矣。今见破于秦，西面而事之，见臣于秦。夫破人之与破于人也，臣人之与臣于人也，岂可同日而言之哉！夫横人者，皆欲割诸侯之地以与秦成。与秦成，则高台，美宫室，听竽瑟之音，察五味之和，前有轩辕，后有长庭，美人巧笑，卒有秦患，而不与其忧。是故横人日夜务以秦权恐猲诸侯，以求割地，愿大王之熟计之也。

臣闻，明王绝疑去谗，屏流言之迹，塞朋党之门，故尊主广地强兵之计，臣得陈忠于前矣。故窃本大王计，莫如一韩、魏、齐、楚、燕、赵六国从亲，以傧畔秦。令天下之将相，相与会于洹水之上，通质刑白马以盟之。约曰：'秦攻楚，齐、魏各出锐师以佐之，韩绝食道，赵涉河、漳，燕守常山以北。秦攻韩、魏，则楚绝其后，齐出锐师以佐之，赵涉河、漳，燕守云中。秦攻齐，则楚绝其后，韩守成皋，魏塞午道，赵涉河、漳、博关，燕出锐师以佐之。秦攻燕，则赵守常山，楚军武关，齐涉渤海，韩、魏出锐师以佐之。秦攻赵，则韩军宜阳，楚军武关，魏军河外，齐涉渤海，燕出锐师以佐之。诸侯有先背约者，五国共伐之。六国从亲以摈秦，秦必不敢出兵函谷关以害山东矣。如是则伯业成矣。"

赵王曰："寡人年少，莅国之日浅，未尝得闻社稷之长计。今上客有意存天下，安诸侯，寡人敬以国从。"乃封苏秦为武安君，饰车百乘，黄金千镒，白璧百双，锦绣千纯，以约诸侯。

译文

苏秦从燕国到赵国，开始用联合六国抗衡秦国的策略，他游说赵肃侯说："普天之下，各诸侯国的卿相大臣，以至于普通的老百姓，没有一个不尊崇大王施行仁义的行为的，都愿接受您的教诲，向大王进献忠心，这已经有很久了。然而，奉阳君妒嫉贤能，使得大王不能专理国事，以致宾客疏远，游说之士都不敢前来敬献忠言。现在奉阳君死了，大王才能够和各方面的人士接近，所以我才敢来敬献一点愚忠以报效大王。我为大王考虑，没有比让人民安居乐业、平安无事更好的了。安民的根本措施在于选择好诸侯国并与其建立良好邦交。有好的邦交人民就安定，没有好的邦交人民就终身不得安定。我再说说外敌入侵的祸患：秦、齐两国是您的敌国，所以赵国人民不得安定；依靠秦国进攻齐国，人民不能安定；依靠齐国进攻秦国，人民也不能安定。可见图谋他国国君，进攻他国，常常会口出恶言，并与他国断交，所以我请大王切勿说这样的话。

"请您回避左右侍臣，我说说合纵、连横的差别。大王真能听从我的忠言，燕国一定会把出产毡、裘、狗、马的好地方献给您，齐国一定会把海边出产鱼盐的地盘献给您，楚国一定会把出产橘柚的云梦之地献给您，韩国、魏国也必然献出很多城池和供您洗盥费用的县邑，大王的父兄外戚都可以有封侯的土地。割取别国土地得到别国财货，乃是五霸不惜牺牲将士的生命去追求的；使贵戚得以封侯，也是从前商汤放逐夏桀、周武王讨伐殷纣王才争得的。现在大王不费力气就可以得到两种东西，这是我为大王感到欣慰的。大王与秦国结盟，秦国必然去侵略韩、魏；大王与齐国结盟，齐国必然去侵略楚、魏；魏国衰弱后就必然割河外之地；韩国软弱了，它就会献出宜阳。献出了宜阳，则通往上郡的路就切断了；河外割让了，道路就不能通行到上郡；楚国衰弱，赵国就孤立无援。这三项计策，是不能不慎重考虑的。秦国攻下轵道，那么南阳就会动摇；再劫持韩国包围周室，那么赵国就会自行削弱；秦国再占领卫都濮阳夺取淇水之地，那么齐国必然会到秦国称臣。假如秦国能在山东得到这些，必然就会进攻赵国。秦军渡过黄河，穿过漳水，占据番吾，那么秦兵必将交战于邯郸城下。这就是我为大王担忧的地方啊！

"现在，山东各国，没有哪个国家像赵国这么强大。赵国土地方圆两千里，精兵几十万，战车几千辆，战马上万匹，军粮可供十年之用，西边有常山，南边有黄河、漳水，东边有清河，北边有燕国。燕国本是一个弱国，不足畏惧。在诸侯国中，秦国最害怕的是赵国。然而，秦国不敢发兵讨伐赵国的原因是什么呢？是因为秦国担心韩、魏两国在后边算计它。这样看来，韩、魏两国就是赵国南边的蔽障。秦国攻打韩、魏就不是这样了。韩、魏没有名山大川的阻隔，秦国只要对它们一点点地吞食，一直把国都吞食完为止就可以了。韩、魏不能抗拒秦国，必然会向秦称臣。韩、魏臣服于秦后，秦国就没有韩、魏的障碍了，战祸就将降到赵国头上。这也是我为大王忧虑的地方。

"我听说尧过去连三百亩这么大的地盘都没有，舜没有一尺那么大的地盘，他们竟然拥有了天下。禹只有一个不满百人的部落，竟成为诸侯的共主。商汤、周武王的兵士不满三千，战车不过三百辆，最后成为天子。这都是因为他们获得了治国安邦的正道。所以英明的国君，对外要估计敌国的强弱，对内要视察士卒的多寡、贤与不贤，不必等到两军相拼，胜败存亡的关键就已经心中有数了。怎么能够被众人之言所蒙蔽，糊里糊涂的决定事情呢！

"我私下拿天下地图察看，诸侯的土地相当于秦国的五倍，诸侯的兵力相当于秦国的十倍。假如六国能够团结一致，合力西去攻打秦国，秦国必定灭亡。现在各国将要被秦国灭亡，却面朝西方共同侍奉秦国，向秦国称臣。灭掉别国或被别国灭掉，让别国臣服或臣服于别国，两者绝不能相提并论。那些主张连横的人，他们都想割让诸侯的土地来与秦国谈和。一旦能和秦国讲和，他们就可以高筑台榭，美化住宅别墅，倾听美女姣笑，然而一旦秦国突然发兵攻打诸侯，他们却不与诸侯共同承担忧患。因此主张连横的人日夜寻求靠秦国的权势来恐吓诸侯，以求得向秦国割地。请大王深思熟虑。

"我听说贤明的君主不怀疑他人，不轻信谗言，摒弃一切流言蜚语的滋生，杜绝党派的门户之争，这就使得君主尊贵、疆地广大和兵强马壮了，我也能有机会在大王面前尽效愚忠了。所以我私下为大王谋划，不如团结韩、魏、齐、楚、燕、赵，使六国合纵，互相亲近，以此抗拒秦国。通令天下的将相，一齐到洹水之畔集会，交换人质，杀白马缔结盟约。盟约可以这样写：'假如秦国攻打楚国，齐、魏都要各出精兵为楚国作战，韩国负责切断秦国的粮道，赵国渡过黄河、漳水，燕国则派大军死守常山以北。假如秦国攻打韩、魏，楚国就切断秦国的后路，齐国派精兵支援韩、魏，赵国则渡过黄河、漳水，至于燕国则派兵死守云中。秦国如果攻打齐国，楚国就负责切断秦国的后路，韩国派边守住成皋而魏国则封锁午道，赵国越过黄河、漳水、博关，燕国则派精兵援助齐国。假如秦兵攻打燕国，那赵国就守住常山，楚国进兵武关，齐军渡过渤海，韩、魏两国各出精兵援救。秦兵如果攻打赵国，那韩国就要镇守宜阳，楚军列阵武关，魏军则驻扎在河外，齐军渡过渤海，燕国则发精兵救赵。六个诸侯国中有先背弃盟约的，那其他五国就共同出兵讨伐它。只要六国形成合纵，亲密合作来抵抗秦国，秦国就不敢出兵函谷关侵略山东六国了。这样大王的霸业就可以顺利完成了。"

赵肃侯说："我年纪小，即位的时间又短，还没有听到过治国的大计。现在您有意拯救天下、安定诸侯，我非常愿意缔结合纵之盟。"于是赵肃侯就封苏秦为武安君，拨给他战车一百辆，黄金千镒，白璧百双，锦锈一千匹，用这些财物去与诸侯缔结合纵之约。

智慧解读

苏秦游说很注意演说的层次性和递进性。他首先向赵肃侯指出国家的根本在于安民和邦交，由此引出合纵他国的主题。接着构画出合纵之后的美好前景和假如连横事秦的悲惨结局，又分析了赵国的实力及其在地缘政治方面的重要性，接着指出赵王完全可以建立尧、舜的功业而不必要向秦王臣服。最后部分，苏秦通过对比六国与秦的实力、通过揭露连横派的只顾自己私利的真面目，和盘推出了赵国合纵的具体方案。

说理透彻、洋洋洒洒、气势如虹，这种逻辑性很强、又很有气势的雄辩，任何人也不得不折服。所以我们在论说重大事项、游说重要人物时，一定要将说辞谋划得很有层次性和递进性，多个角度展开论述主题。另一方面要注意论述的气势，以宏大的目标、伟大的人物和事迹来高谈阔论、高瞻远瞩，如此以胸怀、气势压倒、征服那些高高在上的人。

赵王封孟尝君以武城

原文

赵王封孟尝君以武城。孟尝君择舍人以为武城吏，而遣之曰："鄙语岂不曰借车者驰之，借衣者被之哉？"皆对曰："有之。"孟尝君曰："文甚不取也。夫所借衣车者，非亲友，则兄弟也。夫驰亲友之车，被兄弟之衣，文以为不可。今赵王不知文不肖，而封之以武城，愿大夫之往也，毋伐树木，毋发屋室，誉然使赵王悟而知文也。谨使可全而归之。"

译文

赵王把武城封给孟尝君。孟尝君在他的门客中挑选了一些人去担任武城守吏，并对他们说："俗语不是说'借来的车子若使劲的跑，就容易损坏，借来的衣服披在外面，就容易沾灰尘'吗？"他们都说："有这样的说法"。孟尝君说："我可很不以为然。那借来的衣服和车子，若不是亲友的就是兄弟的。赶着亲友的车子使劲地跑，把兄弟的衣服披在外面，我认为不能这样做。现在赵王不了解我无能，而把武城封给我。希望你们去后，不要砍伐树木，不要破坏房屋，谨慎从事，让赵王了解我善于治理。这样，我们才可以完全能管理好武城。"

智慧解读

人性非常自私，西方有谚："花自己的钱比花他人的钱谨慎"。只要是他人的，自己肯定会不放在心上。就像我国的国有企业，由于产权不明，所以管理者就不认真经营，导致亏损倒闭、破产拍卖。孟尝君深知人的本性，对下属可能对待所封的城不认真早有预见，所以就提前训话，警戒他们一定要克服人的私心，善待武城。

他的训话，关键是用尊重他人应该胜过自己的高尚道德驳斥了人是自私的通常的判断，叫人一定要善待借来的东西、他人的东西，以一种良心的约束钳制住了人的私心。在训话方式上他先来了个设问，诱出驳斥的靶子，然后有的放矢，使下属的思想归入正路。

苏秦说李兑

原文

苏秦说李兑曰："洛阳乘轩里苏秦，家贫亲老，无罢车驽马，桑轮蓬箧赢，负书担，触尘埃，蒙霜露，越漳、河，足重茧，日百而舍，造外阙，愿见于前，口道天下之事"李兑曰："先生以鬼之言见我则可，若以人之事，兑尽知之矣。"苏秦对曰："臣固以鬼之言见君，非以人之言也。"李兑见之。

苏秦曰："今日臣之来也暮，后郭门，藉席无所，宿寄人田中，傍有大丛。夜半，土梗与木梗斗曰：'汝不如我，我者乃土也。使我逢疾淋雨，坏沮，乃复归土。今汝非木之根，则木之枝耳。汝逢疾风淋雨，漂入漳、河，东流至海，滥无所止。'臣窃以为土梗胜也。今君杀主父而族之，君之立于天下，危于累卵。听臣计则生，不听臣计则死。"李兑曰："先生就舍，明日复来见兑也。"苏秦出。

李兑舍人谓李兑曰："臣窃观君与苏公谈也，其辩过君，其博过君，君能听苏公之计乎？"李兑曰："不能。"舍人曰："君即不能，愿君坚塞两耳，无听其谈也。"明日复见，终日谈而去。舍人出送苏君，苏秦谓舍人曰："昨日我谈粗而君动，今日精而君不动，何也？"舍人曰："先生之计大而规高，吾君不能用也。乃我请君塞两耳，无听谈者。虽然，先生明日复来，吾请资先生厚用。"明日来，抵掌而谈。李兑送苏秦明月之珠，和氏之璧，黑貂之裘，黄金百镒。苏秦得以为用，西入于秦。

译文

苏秦游说李兑道："洛阳乘轩里苏秦，家境贫寒双亲年老，连个驾着劣马的破车、桑木轮子草编车箱的小车都没有，打着绑腿穿着草鞋，背着书卷担着口袋，顶着飞扬的尘土，冒着寒霜和露水，越过了漳河，脚上磨出了厚厚的老茧，每天走 100 里才投宿，来到您的宫门外，希望拜见您，亲口谈谈天下大事。"李兑说："先生拿关于鬼的事情给我听倒可以，若拿人事来游说，我已经不必知道了。"苏秦回答说："臣下本来是拿鬼故事来见您的，不是拿人的事。"李兑接见了他。

苏秦说："今天我来的时候天色已晚，是在外城城门关闭以后，连个草席都没找到，只好借宿在人家的田地里，旁边有一个丛祠。半夜的时候，土偶跟木偶斗嘴说：'你赶不上我，比我差远了。假如我遇到暴风淫雨，被毁坏了，就又回到土里。而你不是树根，就是树枝罢了。你遇上暴风淫雨，就会被漂到漳河里，向东流入大海中，飘浮游荡没有安身立命之处。'我私下以为土偶获得了胜利。如今阁下杀了武灵王灭了他的宗族，您生活在天地之下，正危如累卵。您听臣下的计谋就能生存，不听臣下的计谋就得死亡。"李兑说："您到客舍住下吧，明天再来见我吧。"苏秦出去了。

李兑家臣对李兑说："臣下暗中观察您与苏秦的谈话，他的辩才和博学都在您之上，您能听取苏秦的计谋吗？"李兑说："不能。"家臣说："您如果不能，希望您牢牢堵住两只耳朵，不要听信他的话。"第二天苏秦又来拜见李兑，谈了一整天才离去。家臣出来送苏秦，苏秦对家臣说："昨天我谈得粗略相国却动了心，今天我谈得详细相国却不动心，为什么呢？"舍人说："您的计谋宏大而规划高远，我们的相国是不能采用的，此乃是我请他牢牢地堵住两只耳朵，不要听信你的话。虽然如此，您明天再来，我会请相国资助您大量的财物。"第二天苏秦来，李兑同他击掌畅谈。李兑赠送苏秦明月珠、和氏璧、黑貂裘、200 两黄金。苏秦得到这些东西便作为资用，一路西行进入秦国。

智慧解读

苏秦刚开始企图以自己的贫寒和苦难打动李兑的心，没想到李兑不吃这一套，用鬼怪之事故意刁难苏秦。苏秦将计就计，用一个形象生动的类比毫不留情地指出了李兑危机四伏的形势。苏秦当时虽是一介寒士，却有着过人的胆识，敢于揭穿李兑的疮疤，刺中他心中的隐痛。如此一来反而得到了李兑的赏识。只可惜才高招人妒，李兑听了他人的谗言最终没有重用苏秦。但是就是那位进谗言的家臣，内心中也是对李兑肃然起敬的，不然他是不会叫李兑资助苏秦的。今天来看苏秦以一贫寒之士，奋发向上、积极有为、胆识超人、谋略与雄辩才能出众，他的谋划和语言、他的精神和胆识，也值得我们钦佩和学习。

知伯从韩魏兵以攻赵

原文

知伯从韩、魏兵以攻赵，围晋阳而水之，城下不没者三板。郄疵谓知伯曰："韩、魏之君必反矣。"知伯曰："何以知之？"郄疵曰："以其人事知之。夫从韩、魏之兵而攻赵，赵亡，难必及韩、魏矣。今约胜赵而三分其地。今城不没者三板，臼灶生蛙，人马相食，城降有日，而韩魏之君无熹志而有忧色，是非反如何也？"

明日，知伯以告韩、魏之君曰："郄疵言君之且反也。"韩、魏之君曰："夫胜赵而三分其地，城今且将拔矣。夫三家虽愚，不弃美利于前，背信盟之约，而为危难不可成之事，其势可见也。是疵为赵计矣，使君疑二主之心，而解于攻赵也。今君听谗臣之言，而离二主之交，为君惜之。"趋而出。郄疵谓知伯曰："君又何以疵言告韩、魏之君为？"知伯曰："子安知之？"对曰："韩、魏之君视疵端而趋疾。"

郄疵知其言之不听，请使于齐，知伯遣之。韩、魏之君果反矣。

译文

知伯胁从韩、魏的军队一道进攻赵国。首先水困晋阳，离淹城只有3丈。郄疵对知伯说："韩、魏的君主肯定会背叛我们。"知伯问："何以见得？"郄疵说："从他们的脸上和军事形势上判断就可以知道。韩、魏国军队尾随我们进攻赵国，可以想见如果赵国灭亡，那灾难必然会降到韩、魏头上。虽然贤君跟韩、魏相约灭赵以后就和韩、魏三分赵国领土,可是现在晋阳只差3丈就被淹没,连石臼和炉灶都生了青蛙,饿到了人马相食的地步,晋阳指日陷落,然而韩、魏君主不但不喜,反倒忧愁,这就是一种反叛的迹象!"

次日,知伯就把这话告诉韩、魏两国君主,说:"郄疵说两位君主就要背弃盟约。"韩、魏两君说:"灭赵以后我们三国可以三分赵地,而且晋阳马上就要陷落。韩、魏两君虽然愚鲁,也不至于放弃就要到来的利益,甚至背弃盟约去做那种危险的、无望之事,这是不容置疑的。这种形势发展的结局是可以预见的。可是郄疵在为赵国谋划,以便使贤君怀疑韩、魏两国,进而瓦解三国攻赵的盟约。如今贤君竟听信奸臣的谗言,而离间韩、魏两国的邦交,我们真为贤君感到惋惜。"说完就快步出去了。郄疵又来对知伯说:"贤君为什么要把臣的话告诉韩、魏王呢?"知伯说:"你怎么知道我告诉了他们了呢?"郄疵说:"因为韩、魏两王临走时,使劲用眼睛瞪我一下才快步走开。"

郄疵见知伯不采纳自己的建议,就主动请求知伯派他到齐国去,于是知伯就派他去齐国。不久韩、魏君主果然反叛。

智慧解读

作为一个团体的领导,一定要明察秋毫、见微知著。对身边发生的细小变化一定要有感觉。尤其是对人的相貌、气象等的观察一定要仔细,人的表情、眼神等是人内心的反映,通过表情就可以掌握人的内心活动,以此来帮助自己的决策、掌控未来的活动。古代有识之士都有一套察言观色的技术,像曾国藩就写《冰鉴》,专门讲相面、察言观色之道。领导工作以人为本、是与人打交道的工作,所以一定要了解人的思想活动、掌握人的心理变化。

天下合从

原文

天下合从，赵使魏加见楚春申君曰："君有将乎？"曰："有矣，仆欲将临武君。"魏加曰："臣少之时好射，臣愿以射譬之，可乎？"春申君曰："可。"加曰："异日者，更羸与魏王处京台之下，仰见飞鸟。更羸谓魏王曰：'臣为王引弓虚发而下鸟。'魏王曰：'然则射可至此乎？'更羸曰：'可。'有间，雁从东方来，更羸以虚发而下之。魏王曰：'然则射可至此乎？'更羸曰：'此孽也。'王曰：'先生何以知之？'对曰：'其飞徐而鸣悲。飞徐者，故疮痛也；鸣悲者，久失群也，故疮未息，而惊心未至也。闻弦音，引而高飞，故疮陨也。'今临武君，尝为秦孽，不可为拒秦之将也。"

译文

天下各诸侯联合起来抗秦，赵国派魏加去见楚相春申君黄歇说："您已经安排好领兵的大将吗？"春申君说："是的，我想派临武君为大将。"魏加说："我年幼时喜欢射箭，因此我就用射箭做个譬喻好不好？"春申君说："好的。"魏加说："有一天，魏臣更羸和魏王站在高台之下，抬头看见飞鸟。这时更羸对魏王说：'我只要虚拨一弓弦，就可以把鸟射死在你眼前。'魏王说：'射技有如此高超吗？'更羸说：'可以的。'过了一会儿，有一只大雁从东方飞来，更羸虚射一箭就把这大雁射落在地上。魏王说：'可是虚射怎么会出现这种结果呢？'更羸说：'因为这是一只病雁。'魏王说：'你怎么知道？'更羸说：'这只雁飞得很缓慢，叫得声音又悲切；飞得缓慢是因为它旧伤疼痛；叫的悲切是因它离开了雁群，身负旧伤且心存惊惧，一听见弓弦的声音就吓得拼命高飞，以致使它的旧伤口破裂而掉落下来。'现在的临武君也曾被秦军打败，犹如惊弓之鸟，所以派他去担任抗秦的将领是不妥当的。"

智慧解读

比喻的特征在于它的形象性与生动性上，比喻的说服力在于它表面上言说的事例中包含着与要处理的问题相同的内在逻辑和道理。就像惊弓之鸟与打了败仗的临武君在毫无斗志、一触即溃上是一致的一样，比喻的两事物的道理也是一致的。这也是受众能够顺着论辩者的思维路线自己就能得出结论的原因。

在论辩中运用比喻，就必须注重日常的观察与积累，日常生活中一些最寻常的现象，很可能便是一个道理、一种精神和一个观念的表现。我们要善于揭示其内在逻辑，并在论辩时赋予一个个生动可感的形象，从而在舌战中能运用自如、加强说服力。

庄辛谓楚襄王

原文

庄辛谓楚襄王曰："君王左州侯，右夏侯，辇从鄢陵君与寿陵君，专淫逸侈靡，不顾国政，郢都必危矣。"襄王曰："先生老悖乎？将以为楚国妖祥乎？"庄辛曰："臣诚见其必然者也，非敢以为国妖祥也。

君王卒幸四子者不衰，楚国必亡矣。臣请辟于赵，淹留以观之。"庄辛去之赵。留五月，秦果举鄢、郢、巫、上蔡、陈之地，襄王流于城阳。于是使人发驺，征庄辛于赵。庄辛曰："诺。"

庄辛至，襄王曰："寡人不能用先生之言，今事至于此，为之奈何？"庄辛对曰："臣闻鄙语曰：'见兔而顾犬，未为晚也；亡羊而补牢，未为迟也。'臣闻昔汤、武以百里昌，桀、纣以天下亡。今楚国虽小，绝长续短，犹以数千里，岂特百里哉？

王独不见夫蜻蛉乎？六足四翼，飞翔乎天地之间，俯啄蚊虻而食之，仰承甘露而饮之，自以为无患，与人无争也。不知五尺童子，方将调铅胶丝，加己乎四仞之上，而下为蝼蚁食也。蜻蛉其小者也，黄雀因是以。俯噣白粒，仰栖茂树，鼓翅奋翼，自以为无患，与人无争也。不知夫公子王孙，左挟弹，右摄丸，将加己乎十仞之上，以其类为招。昼游乎茂树，夕调乎酸碱，倏忽之间，坠于公子之手。

夫雀其小者也，黄鹄因是以。游于江海，淹乎大沼，俯噣鳝鲤，仰啮菱衡，奋其六翮，而凌清风，飘摇乎高翔，自以为无患，与人无争也，不知夫射者，方将修芆庐，治其缯缴，将加己乎百仞之上。彼礛磻引微缴，折清风而陨矣，故昼游乎江河，夕调乎鼎鼐。

夫黄鹄其小者也，蔡圣侯之事因是以。南游乎高陂，北陵乎巫山，饮茹溪流，食湘波之鱼，左抱幼妾，右拥嬖女，与之驰骋乎高蔡之中，而不以国家为事。不知夫子发方受命乎宣王，系己以朱丝而见之也。

蔡圣侯之事其小者也，君王之事因是以。左州侯，右夏侯，辇从鄢陵君与寿陵君，饭封禄之粟，而戴方府之金，与之驰骋乎云梦之中，而不以天下国家为事，不知夫穰侯方受命乎秦王，填黾塞之内，而投己乎黾塞之外。"

襄王闻之，颜色变作，身体战栗。于是乃以执珪而授之为阳陵君，与淮北之地也。

译文

庄辛对楚襄王说："君王左有州侯右有夏侯，车后又有鄢陵君和寿陵君跟从着，一味过着毫无节制的生活，不理国家政事，如此会使郢都变得很危险。"楚襄王说："先生老糊涂了吗？还是认为楚国将遇到不祥呢？"庄辛说："臣当然是看到了事情的必然后果，不必认为国家遇到不祥。假如君王始终宠幸这四个人，而不稍加收敛，那楚国一定会因此而灭亡的。请君王准许臣到赵国避难，在那里来静观楚国的变化。"庄辛离开楚国到了赵国，他只在那里住了5个月，秦国就发兵攻占了鄢、郢、巫、上蔡、陈这些地方，楚襄王也流亡躲藏在城阳。在这时候襄王才派人率骑士到赵国召请庄辛。庄辛说："可以。"

庄辛到了城阳以后，楚襄王对他说："寡人当初不听先生的话，如今事情发展到这地步，对这事可怎么办呢？"庄辛回答说："臣知道一句俗语：'见到兔子以后再放出猎犬去追并不算晚，羊丢掉以后再去修补也不算迟。'臣听说过去商汤王和周武王，依靠百里土地，而使天下昌盛，而夏桀王和殷纣王，虽然拥有天下，到头来终不免身死亡国。现在楚国土地虽然狭小，然而如果截长补短，还能有数千里，岂止一百里而已？

"大王难道没有见过蜻蜓吗？长着六只脚和四只翅膀，在天地之间飞翔，低下头来啄食蚊虫，抬头起来喝甘美的露水，自以为无忧无患，又和人没有争执。岂不知那几岁的孩子，正在调糖稀涂在丝网上，将要在高空之上粘住它，它的下场将是被蚂蚁吃掉。蜻蜓的事可能是小事，其实黄雀也是如此。它俯下身去啄，仰起身来栖息在茂密的树丛中，鼓动着它的翅膀奋力高翔，自己满以为没有祸患，和人没有争执，却不知那公子王孙左手拿着弹弓，右手按上弹丸，将要向十仞高空以黄雀的脖子为射击目标。黄雀白天还在茂密的树丛中游玩，晚上就成了桌上的佳肴，转眼之间落入王孙公子之口。

"黄雀的事情可能是小事情，其实黄鹄也是如此。黄鹄在江海上翱游，停留在大沼泽旁边，低下头吞食黄鳝和鲤鱼，抬起头来吃菱角和水草，振动它的翅膀而凌驾清风，飘飘摇摇在高空飞翔，自认为不会有祸患，又与人无争。然而他们却不知那射箭的人，已准备好箭和弓，将向百仞的高空射击它。它将带着箭，拖着细微的箭绳，从清风中坠落下来，掉在地上。黄鹄白天还在湖里游泳，晚上就成了锅中的美味。

"那黄鹄的事可能是小事，其实蔡灵侯的事也是如此。他曾南到高陂游玩，北到巫山之顶，饮茹溪里的水，吃湘江里的鱼；左手抱着年轻貌美的侍妾，右手搂着如花似玉的宠妃，和这些人同车驰骋在高蔡市上，根本不管国家大事。却不知道那子发正在接受宣王的进攻命令，他将要成为阶下之囚。

"蔡灵侯的事只是当中的小事，其实君王您的事也是如此。君王左边是州侯，右边是夏侯，鄢陵君和寿陵君始终随着君王的车辆，驰骋在云梦地区，根本不把国家的事情放在心上。然而君王却没料到，穰侯魏冉已经奉秦王命令，在黾塞之南布满军队，州侯等却把君王抛弃在黾塞以北。"

楚襄王听了庄辛这番话之后，大惊失色，全身发抖。在这时才把执珪的爵位送给庄辛，封他为阳陵君，还赐给他淮北的土地。

智慧解读

庄辛的论辩气势磅礴、立意高远，整体上是一种由小到大，由远及近，循序渐进的论辩方法。他从最普通的现象、最寻常的事物谈起，然后一环扣一环地剖析人们都熟知的那些现象或事件，从中挖掘出不同寻常的深刻道理，使那种由于利害冲突引发的生存竞争、相互残杀的现象，同楚王自身联系起来，令楚王触目惊心，再也不敢等闲视之。晴蜓、黄雀与黄鹄虽然与人无争，却难逃死亡的厄运。身为一国之君，要想偏安一隅，苟且偷生，贪图享乐，最终也会像蔡圣侯一样难逃被蚕食宰割的命运。事实证明，庄辛遵循着"晴蜓——黄雀——黄鹄——蔡圣侯——楚顷襄王"这样一条线索，从事物的相关联系劝谏顷襄王，是很有说服力的。不难发现，上述所枚举的人或物的相互联系并不是直接的，但是他们的命运却具有某种程度的同构性，他们都在承受着一种内在的规律的支配，这正是论辩时循序渐进的内在根据。

魏王遗楚王美人

原文

魏王遗楚王美人，楚王说之。夫人郑袖知王之说新人也，甚爱新人，衣服玩好，择其所喜而为之；宫室卧具，择其所善而为之。爱之甚于王。王曰："妇人所以事夫者，色也；而妒者，其情也。今郑袖知寡人之说新人也，其爱之甚于寡人，此孝子所以事亲，忠臣之所以事君也。"

郑袖知王以己为不妒也，因谓新人曰："王爱子美矣。虽然，恶子之鼻。子为见王，则必掩子鼻。"新人见王，因掩其鼻。王谓郑袖曰："夫新人见寡人，则掩其鼻，何也？"郑袖曰："妾知也。"王曰："虽恶，必言之。"郑袖曰："其似恶闻君王之臭也。"王曰："悍哉！"令劓之，无使逆命。

译文

魏惠王赠给楚怀王一个美女，怀王很喜欢。怀王的夫人郑袖，知道怀王宠爱新娶的魏女，所以表面上也很爱护这个新娶的美女。衣服首饰都挑她喜欢的送去；房间和家具也都选她喜欢的让她使用。似乎比楚王更喜欢她。楚王说："女人仰仗自己的美色来博取丈夫的欢心，而嫉妒乃是人之常情。现在郑袖明知寡人喜欢魏女，可是她爱魏女比寡人还要厉害，这简直是孝子侍奉双亲，忠臣侍奉君主。"

郑袖知道楚王认定她不是嫉妒以后，就去对魏女说："君王爱你的美貌。虽然这样说，但是他讨厌你的鼻子。所以你见了君王，一定要捂住鼻子。"从此魏女见到楚王就捂住自己的鼻子。楚王对郑袖说："魏女看见寡人时，就捂住自己的鼻子，这是为什么？"郑袖回答说："我倒是知道这件事。"楚王说："即使再难听的话，你也要说出来。"郑袖说："她像是讨厌君王身上的气味。"楚王说："真是个泼辣的悍妇！"命人割掉美女的鼻子，绝不宽赦。

智慧解读

郑袖耳濡目染了战国政客们的翻云覆雨、勾心斗角，所以自己也变得心狠手辣、十分歹毒。她善于表演，既隐藏了自己的真实目的、又取得了敌对者的信任，解除了敌对者的戒备，此后她就施展计谋，让各个人物按照她的安排行动，最终使自己导演的节目成功落幕。我们要时刻防备这种危险的女人，当她们表演的时候，我们千万不能放松警惕，要看穿她背后的诡计，坚决不上当。

张仪逐惠施于魏

原文

张仪逐惠施于魏。惠子之楚，楚王受之。冯郝谓楚王曰："逐惠子者，张仪也。而王亲与约，是欺仪也，臣为王弗取也。惠子为仪者来，而恶王之交于张仪，惠子心弗行也。且宋王之贤惠子也，天下莫不闻也。今之不善张仪也，天下莫不知也。今为事之故，弃所贵于雠人，臣以为大王轻矣。且为事耶？王不如举惠子而纳之于宋，而谓张仪曰：'请为子勿纳也。'仪必德王。而惠子穷人，而王奉之，又必德王。此不失为仪之实，而可以德惠子。"楚王曰："善。"乃奉惠子而纳之宋。

译文

张仪在魏国挤走惠施，惠施来到楚国，楚王接待了他。大臣冯郝对楚王说："挤走惠施是张仪，大王与惠施结交，这是在欺骗张仪，我认为大王这样做不可取。惠施是因为张仪排挤他才来到楚国的，他也定会怨恨您与张仪结交，如果惠施知道这种情况，他一定不会来楚国，而且宋王偃对惠施不错，诸侯中无人不知。现在，惠施与张仪结仇，诸侯中也无人不晓。惠施与大王结交，您便抛弃了张仪。我不理解大王这样做，是有些轻率呢？还是为了国家的大事呢？大王不如帮助惠施，送他到宋国去。然后，对张仪说：'我是因为您才没有接待惠施的。'张仪必然感激大王。而惠施是个被排挤、遭困窘的人，大王却帮助他到宋国去，惠施也必然感激大王。这样您实际上不失为张仪着想，又可以使惠施感恩戴德。"楚王说："好。"就把惠施送到宋国去了。

智慧解读

冯郝对各种利害关系的剖析可谓条分缕析、极有洞见，而他的处理手段也很高明。与人为善、千万不要得罪人，如果得罪他人，就会为以后做事设置了障碍。人际行动是在千丝万缕的人际关系中付诸实施的，我们要考虑如何在摆平各种关系的情况下实现自己的目的和利益。人们常称赞一举两得、两全其美的举措，是因为这些举措排除了举措触及各种人际关系后所产生的负效，直接达到了预期的目标。有人询问诸葛亮的后人孔明经纶世事有何优处，答曰："也没有什么，只是妥贴罢了"，此"妥贴"二字常使我们思考许多。

苏秦之楚

原文

苏秦之楚，三月乃得见乎王。谈卒，辞而行。楚王曰："寡人闻先生，若闻古人。今先生乃不远千里而临寡人，曾不肯留，愿闻其说。"对曰："楚国之食贵于玉，薪贵于桂，谒者难得见如鬼，王难得见如天帝。今令臣食玉炊桂，因鬼见帝。"王曰："先生就舍，寡人闻命矣。"

译文

苏秦来到楚国，过了 3 个月，才见到楚王。交谈完毕，就要向楚王辞行。楚王说："我听到您的大名，就像听到古代贤人一样，现在先生不远千里来见我，为什么不肯多待一些日子呢？我希望听到您的意见。"苏秦回答说："楚国的粮食比宝玉还贵，楚国柴禾比桂树还贵，禀报人员像小鬼一样难得见面，大王像天帝一样难得见面；现在要我拿玉当粮食，拿桂当柴禾烧，通过小鬼见高高在上的天帝……"楚王打断苏秦的话，说："请先生到客馆住下吧，我遵命了。"

智慧解读

苏秦作为大游说家，其心理素质非常之高。他没有因为拒绝召见而心灰意冷，而当他见到楚王后也没有忘乎所以，把自己的想法和要求和盘托出，而是以退为进，马上辞行。如此反而掌握了心理上的主动权，让楚王十分迫切的听从他的意见、答应他的要求，把他奉为上宾。可见，在说服他人时，光有学识是不能被人接纳的，顽强的毅力和冷静的心态是以识取信的关键。

苏子谓楚王

原文

苏子谓楚王曰："仁人之于民也，爱之以心，事之以善言。孝子之于亲也，爱之以心，事之以财。忠臣之于君也，必进贤人以辅之。今王之大臣父兄，好伤贤以为资，厚赋敛诸臣百姓，使王见疾于民，非忠臣也。大臣播王之过于百姓，多赂诸侯以王之地，是故退王之所爱，亦非忠臣也，是以国危。臣愿无听群臣之相恶也，慎大臣父兄；用民之所善，节身之嗜欲，以百姓。人臣莫难于无妒而进贤。为主死易，垂沙之事，死者以千数。为主辱易，自令尹以下，事王者以千数。至于无妒而进贤，未见一人也。故明主之察其臣也，必知其无妒而进贤也。贤之事其主也，亦必无妒而进贤。夫进贤之难者，贤者用且使己废，贵且使己贱，故人难之。"

译文

苏秦对楚王说："仁爱的人，对于人民，用真心实意去爱他们，用好话去抚慰他们，让他们为自己服务；孝子对自己的双亲，用真心实意去爱他们，用钱财去奉养他们；忠臣对自己的国君，一定要推荐贤能的人去辅助他。现在大王的宗室、贵戚喜欢毁谤贤能的人，以此作为进身的资本，对臣民加重赋税，使国君被人民怨恨，他们不是忠臣；大臣在人民中宣扬国君的错误，用您的土地肆意赠送给诸侯。因此和大王的所爱相违背，这也不是忠臣。这样下去，国家就会危险。我希望您不要去听信大臣们互相攻讦之辞，要审慎地任用大臣和贵戚，要根据人民的喜好作为施政方针，节制自己的嗜好和欲望，并将所得用于人民所需。做人臣，最难做到的是，没有忌妒之心又能推荐贤才。为国君献身倒很容易，像垂沙战役，死的人数以千计。屈居国君之下，也很容易，像从令尹以下，为大王服役的人数以千计。至于无忌妒之心又能推荐贤才的，却不见一人。所以，英明的国君考察他的臣子，必须了解他们是否有忌妒之心，是否能推荐贤才。贤能的人侍奉国君，也必须无忌妒之心，又能推荐贤才。推荐贤才之所以很难，是因为贤能的人被任用，自己就会被废弃，贤能的人地位尊贵，自己就会卑贱。所以，人们难以做到。"

智慧解读

"无妒而进贤"是贤臣的最高标准，这是因为这个标准可以衡量大臣是否私心大于公心，是否为了国家利益而不计私利。这一点上曾国藩是个表率，他一生不断地向朝廷推荐贤才良将，胡林翼、李鸿章、彭玉麟、杨岳斌等都通过他的提携和推荐而受到朝廷的重用，并为国家立下了汗马功劳。尤其是对待老子天下第一的左宗棠，曾国藩不管二人间的龃龉和旧怨，也不管朝廷用左宗棠掣肘自己的用心，一再向朝廷推荐左宗棠。左宗棠平定西北叛乱时立下了赫赫军功，但有谁知道正是曾国藩举荐左宗棠出征西北的。曾国藩曾说左宗棠不仅是西北第一人，而且是天下第一人。高傲的左宗棠闻听此言，为曾国藩"无妒而进贤"的高风亮节仰慕不已、自愧不如。

楚怀王拘张仪

原文

楚怀王拘张仪，将欲杀之。靳尚为仪谓楚王曰："拘张仪，秦王必怒。天下见楚之无秦也，楚必轻矣。"又谓王之幸夫人郑袖曰："子亦自知且贱于王乎？"郑袖曰："何也？"尚曰："张仪者，秦王之忠信有功臣也。今楚拘之，秦王欲出之。秦王有爱女而美，又简择宫中佳丽习音者，以欢从之；资之金玉宝器。奉以上庸六县为汤沐邑，欲因

张仪内之楚王。楚王必爱，秦女依强秦以为重，挟宝地以为资，势为
王妻以临子。楚王惑于虞乐，必厚尊敬亲爱之而忘子，子益贱而日疏
矣。"郑袖曰："愿委之于公，为之奈何？"曰："子何不急言王，出张
子。张子得出，德子无已时，秦女必不来，而秦必重子。子内擅楚之
贵，外结秦之交。畜张子以为用，子之子孙必为楚太子矣，此非布衣
之利也。"郑袖遽说楚王出张子。

译文

　　楚怀王拘留张仪，准备杀了他。这时怀王的佞臣靳尚对怀王说：
"君王把张仪拘禁下狱，秦王必定愤怒。天下诸侯一看楚国失去了盟
邦秦国，楚国的地位就会低落。"接着靳尚又对怀王的宠妃郑袖说：
"你可知道你马上要在君王面前失宠了吧！"郑袖说："为什么？"靳尚
说："张仪是秦王有功的忠臣，现在楚国把他拘留下狱了，秦国肯定
要楚国释放张仪。秦王有一个美丽的公主，同时又选择美貌善玩且懂
音乐的宫女作陪嫁，为了使她高兴，此外秦王还陪嫁了各种金玉宝器，
用上庸6县送给她作为享乐的费用，这次正想让张仪献给楚王为妻。
君王必定很爱秦国公主，而秦国公主也仰仗强秦来抬高自己身价，同
时更以珠宝土地为资本，四处活动，她势必会立为君王的妻子，到那
时秦国公主就等于君临楚国，而君王每天都沉迷于享乐，必然忘记你，
你被忘掉以后，那你被轻视的日子就不远了。"

　　郑袖说："一切拜托您办理，我真不知道该怎么好。"靳尚说：
"您为什么不赶快建议君王释放张仪。张仪如果能够获得释放，必然
对您感激不尽，秦国的公主也就不会来了，那秦国必定会尊重你。您
在国内有楚国的崇高地位，在国外结交秦国，并且留张仪供您驱使。
你的子孙必然成为楚国太子，这绝对不是一般的利益。"郑袖立刻就
去说服楚怀王放了张仪。

智慧解读

　　谋略、策略的根本在于采用迂回、拐弯抹角的形式。拐弯抹角，就是通过转换角度、借助其他中介来说服对方的方法。靳尚如果直接请求郑袖为张仪在怀王前说情，郑袖肯定不会答应。所以靳尚拐弯抹角地杜撰了张仪会送来漂亮的秦女，会使郑袖失宠这样的事实，郑袖为了不失宠于楚王，只得搭救张仪。靳尚把释放张仪与郑袖的切身利益联系起来，使本来与张仪毫不相干的郑袖为解救张仪起了关键作用。这个计策从整体上看，也是借助郑袖这个中介拐弯抹角达成目的的。如果靳尚直接上书怀王要求释放张仪，那一定是缘木求鱼、劳而无功的。

魏相翟强死

原文

　　魏相翟强死。为甘茂谓楚王曰："魏之几相者，公子劲也。劲也相魏，魏、秦之交必劳。秦、魏之交完，则楚轻矣。故王不如与齐约，相甘茂于魏。齐王好高人以名。今为其行人请魏之相，齐必喜。魏氏不听，交恶于齐。齐、魏之交恶，必争事楚。魏氏听，甘茂与樗里疾，贸首之仇也；而魏、秦之交必恶，又交重楚也，"

译文

魏国的相国翟强死了。有人为甘茂对楚王说："在魏国，希望继任相国的人是公子劲。公子劲如果做了魏相，魏、秦两国必然友好。魏、秦两国友好，楚国在诸侯中的地位就会降低。所以，大王您不如与齐国结盟，共同支持甘茂做魏国的相国。齐王以好居人上而出名，现在要他的外交使节活动，让甘茂出任魏国相国，齐王一定很高兴。魏国如果不同意，就会与齐国关系恶化；齐、魏两国关系恶化，他们都要争着拉拢楚国。魏国如果同意任命甘茂为相国，甘茂与现在的秦相樗里疾是势不两立的仇人。那末魏、秦两国关系一定恶化，这样，他们两国都会倚重于楚国了。"

智慧解读

为了自己国家的利益，谋士们一心想着如何削弱、分裂除自己国家之外的所有国家，而自己的大国权威，完全是站在他国的纷争和损失之上的。国家之间如此，企业之间、人与人之间也难免有这种唯自己利益是图、损害谋算其余的现象。"防人之心不可无"，古人留给我们《战国策》这个谋略宝库，也旨在让我们洞察阴谋、保护自己。

韩公叔有齐魏

原文

韩公叔有齐、魏，而太子有楚、秦以争国。郑申为楚使于韩，矫以新城，阳人予太子。楚王怒，将罪之。对曰："臣矫予之，以为国也。臣为太子得新城、阳人，以与公叔争国而得之。齐、魏必伐韩。韩氏急，必悬命于楚，又何新城、阳人之敢求？太子不胜，然而不死，今将倒冠而至，又安敢言地？"楚王曰："善。"乃不罪也。

译文

韩国公叔有齐国和魏国支持，太子几瑟有楚国和秦国支持，两个各有所恃，便争夺太子的权位。郑申为楚国出使出韩国，他假托楚王之命把新城、阳人两地许给了几瑟，楚王很生气，要惩处郑申。郑申禀报说："我假传王命，把新城、阳人许给几瑟，完全是为了楚国。我为几瑟取得了新城、阳人两地，这是为他与公叔争夺太子权位而谋取的，齐、魏两国得知必定会出兵进攻韩国，韩国紧急，必定会完全依靠楚国去救援，又有谁敢要求新城、阳人两地呢？如果几瑟不能战胜齐、魏，侥幸活着，肯定会仓皇逃奔到楚国来，又怎么敢提起新城、阳人的事呢？"楚王说："好"。因此就不惩处郑申了。

智慧解读

事物的相互关联性，让事情发生之后的反应变得复杂多变。聪明的人可以看到事件之后的连锁反应，愚钝的人只能看到单个事件本身，所以常常遭受蒙蔽和欺骗。聪明人由于看得远，就可以摆布他人、从事态变化中谋取自身的巨大利益，所以我们处事决策，一定要考虑事情的连锁反应和效应，谋划一定要长远而周全。

江乙说于安陵君

原文

江乙说于安陵君曰:"君无咫尺之地,骨肉之亲,处尊位,受厚禄,一国之众,见君莫不敛衽而拜,抚委而服,何以也?"曰:"王过举而已。不然,无以至此。"

江乙曰:"以财交者,财尽而交绝;以色交者,华落而爱渝;是以嬖女不敝席,宠臣不避轩。今君擅楚国之势,而无以深自结于王,窃为君危之。"安陵君曰:"然则奈何?"江乙曰:"愿君必请从死,以身为殉,如是必长得重于楚国。"曰:"谨受令。"

三年而弗言。江乙复见曰:"臣所为君道,至今未效。君不用臣之计,臣请不敢复见矣。"安陵君曰:"不敢忘先生之言,未得间也。"

于是,楚王游于云梦,结驷千乘,旌旗蔽日,野火之起也若云霓,虎嗥之声若雷霆,有狂兕(牛羊)车依轮而至,王亲引弓而射,壹发而殪。王抽旃旄而抑兕首,仰天而笑曰:"乐矣,今日之游也!寡人万岁千秋之后,谁与乐此矣?"安陵君泣数行而进曰:"臣入则纶席,出则陪乘。大王万岁千秋之后,愿得以身试黄泉,蓐蝼蚁,又何如得此乐而乐之。"王大说,乃封坛为安陵君。

君子闻之曰:"江乙可谓善谋,安陵君可谓知时矣。"

译文

江乙劝导安陵君,说:"您对楚国没有丝毫的功劳,也没有骨肉之亲可以依靠，却身居高位，享受厚禄，人民见到您，没有不整饰衣服，理好帽子，毕恭毕敬向您行礼的，这是为什么呢？"安陵君回答说："这不过是因为楚王错误地提拔我罢了；不然，我不可能得到这种地位。"

江乙说："用金钱与别人结交，当金钱用完了，交情也就断绝了；用美色与别人交往，当美色衰退了，爱情也就改变了。所以，爱妾床上的席子还没有睡破，就被遗弃了；宠臣的马车还没有用坏，就被罢黜了；您现在独揽楚国的权势，可自己并没有能与楚王结成深交的东西，我为您非常担忧。"安陵君说："那可怎么办呢？"江乙说："希望您一定向楚王请求随他而死，亲自为他殉葬，这样，您在楚国必能长期受到尊重。"安陵君说："敬遵您的教导。"

三年以后，安陵君仍然没有说什么。江乙又拜见，说："我给您说的，到现在您也没有实行，您既然不采纳我的意见，我要求从此不再会见您了。"安陵君说："我实在不敢忘记先生给我的教导，只因没有遇到好机会啊！"

在这时，楚王要到云、楚地区去游猎，车马成群结队，络绎不绝，五色旌旗遮蔽天日，野火烧起来，好像彩虹，老虎咆哮之声，好像雷霆。忽然一头犀牛像发了狂似的朝车轮横冲直撞过来，楚王拉弓搭箭，一箭便射死了犀牛。楚王随手拔起一根旗杆，接住犀牛的头，仰天大笑，说："今天的游览，实在太高兴了！我要是百年之后，又和谁能一道享受这种快乐呢？"安陵君泪流满面，上前对楚王说："我在宫内和大王挨席而坐，出外和大王同车而乘，大王百年之后，我愿随从而死，在黄泉之下也做大王的席垫，以免蝼蚁来侵扰您，又有什么比这更快乐的呢！"楚王听了大为高兴，就正式封他为安陵君。

君子听到了，就说："江乙真算是善于出谋划策，安陵君真算是善于利用时机啊。"

智慧解读

江乙的善谋，关键在于他对人情冷暖和世态炎凉有着清醒的洞察和把握，一个人得势时，千万不能冲昏头脑，一定要为自己未来的危机和后事筹划着想，得势之时要想失势之时。江乙又为安陵君献上一计，此计由于可以取得国君的绝对信任，也可使民众信服，所以是应对未来危机的完全之策。安陵君其实也是一个很有城府的睿智之人，他知道语言的效用取决于它所运用的语言环境，环境不一样，效用自然也就不一样。"好钢要用在刀刃上"，选择有利的最佳时机，让人看不出任何做作、谋划的痕迹，自然而然，水到渠成，才算将话说到点子上。值得钦佩的是安陵君能够为寻找时机而等待了足足三年，等待需要勇气、需要毅力，时机找不到，他就不出手，这种严格把握、选择说话时机的方法值得我们钦佩万分和仿效学习。

楚宣王问群臣

原文

荆宣王问群臣曰："吾闻北方之畏昭奚恤也，果诚何如？"群臣莫对。江乙对曰："虎求百兽而食之，得狐。狐曰：'子无敢食我也。天帝使我长百兽，今子食我，是逆天帝命也。子以我为不信，吾为子先行，子随我后，观百兽之见我而敢不走乎？'虎以为然，故遂与之行。兽见之皆走。虎不知兽畏己而走也，以为畏狐也。今王之地方五千里，带甲百万，而专属之于昭奚恤；故北方之畏昭奚恤也，其实畏王之甲兵也，犹百兽之畏虎也。"

译文

楚宣王问群臣，说："听说北方诸侯都害怕楚令尹昭奚恤，果真是这样的吗？"群臣无人回答，江乙回答说："老虎捕捉各种野兽来吃。捉到一只狐狸，狐狸对老虎说：'您不敢吃我，上天派我做群兽的领袖，如果您吃掉我，就违背了上天的命令。您如果不相信我的话，我在前面走，您跟在我的后面，看看群兽见了我，有哪一个不敢逃跑的呢？'老虎信以为真，就和狐狸同行，群兽见了它们，都纷纷逃跑，老虎不明白群兽是害怕自己才逃跑的，却以为是害怕狐狸。现在大王的国土方圆五千里，大军百万，却由昭奚恤独揽大权。所以，北方诸侯害怕昭奚恤，其实是害怕大王的军队，这就像群兽害怕老虎一样啊。"

智慧解读

用寓言来做类比，最能直观的说明问题，虽然老虎、狐狸、楚宣王、昭奚恤四个事物本身没有什么可比性，但是狐狸借助虎威这件事的事理和性质，却与昭奚恤借助楚宣王造势有着异曲同工之妙，所以两件事有着可比性，而且用类比的说话技巧易于让受众理解。我们在说话时要学学古人，不断地用一些故事、寓言来类比说明事理。

齐王建入朝于秦

原文

齐王建入朝于秦，雍门司马横戟当马前曰："所为立王者，为社稷耶？为王耶？"王曰："为社稷。"司马曰："为社稷立王，王何以去社稷而入秦？"齐王还车而反。

即墨大夫与雍门司马谏而听之，则以为可与为谋，即入见齐王曰："齐地方数千里，带甲数百万。夫三晋大夫，皆不便秦，而在阿、鄄之间者百数，王收而与之百万之众，使收三晋之故地，即临晋之关可以入矣；鄢、郢大夫，不欲为秦，而在城南下者百数，王收而与之百万之师，使收楚故地，即武关可以入矣。如此，则齐威可立，秦国可亡。夫舍南面之称制，乃西面而事秦，为大王不取也。"齐王不听。

秦使陈驰诱齐王，内之，约与五百里之地。齐王不听即墨大夫而听陈驰，遂入秦。处之共松柏之间，饿而死。先是齐为之歌曰："松邪！柏邪！住建共者，客耶！"

译文

齐王建去秦国朝见秦王，齐都临淄西门的司马官横戟挡在他的马前，说："请问，我们是为国家立王呢？还是为大王您而立王呢？"齐王说："为国家。"司马说："既然为国家立王，那末，您为何要抛弃国家而去秦国呢？"齐王便调转头回宫去了。

即墨大夫因为临淄西门的司马官劝谏齐王，齐王听从他的劝谏，以为可以与齐王共谋，于是进宫拜见齐王，说："齐国土地方圆有数千里，大军数十万。赵、魏、韩三国的大夫们都不愿为秦国谋利，而在东阿、鄄城两地之间聚集了百数十人。大王如果与赵、魏、韩三国联合，就有 10 万之众，能收复三国被秦国占领的土地，还可以攻进秦国东边的临晋关；楚国大夫也不愿意为秦国谋利，在我国南部的城南之下聚集了百数十人，大王如果和楚国联合，又有十万大军去收复楚国被秦国占领的失地，还可以攻进秦国南边的武关。这样，齐国强大的威势就可以建立，还可以灭掉秦国。您舍弃称王于南方的机会，却甘愿向西方听命于秦，我认为大王这样做实在不足称道。"齐王没有听从。

秦王派宾客陈驰诱使齐王入秦，相约给他以 500 里土地进行欺骗。齐王不采纳即墨大夫的意见，却听从陈驰的诱骗，于是到了秦国，秦王把他安置在边远的共邑，居处在荒僻的松柏之间，终于活活地饿死了。在这以前，齐国人作了一首歌谣："松树啊！柏树啊！让齐王死在共邑的，就是那些善于变诈的宾客啊！"

智慧解读

即墨大夫的一番慷慨陈词令人钦佩，只可惜是对牛弹琴。而临淄西门的司马官的一句问话倒是一时起到了作用。天下并非一家一姓的天下，君王只不过是国家社稷的管理者，人们设立这种管理者的根本目的是为了国家和每个民众的利益，而非君王个人的利益。这种最基本最朴素的民主思想在战国时代就很有影响，在当时的政治文化中占居着主流地位。到了后世，这些思想和言论是万万不能想、不敢做的。今天的人们看到这种没受后世污染的本真的国家观念，会为我们树立正确、科学、进步的社会观念起到巨大的启迪作用。

燕攻齐齐破

原文

燕攻齐，齐破。闵王奔莒，淖齿杀闵王。田单守即墨之城，破燕兵，复齐墟。襄王为太子微。齐以破燕，田单之立疑，齐国之众，皆以田单为自立也。襄王立，田单相之。

过菑水，有老人涉菑而寒，出不能行，坐于沙中。田单见其寒，欲使后车分衣，无可以分者，单解裘而衣之。襄王恶之，曰："田单之施，将欲以取我国乎？不早图，恐后之。"左右顾无人，岩下有贯珠者，襄王呼而问之曰："汝闻吾言乎？"对曰："闻之。"王曰："汝以为何若？"对曰："王不如因以为己善。王曰："奈何？"曰："嘉单之善，下令曰：'寡人忧民之饥也，单收而食之；寡人忧民之寒也，单解裘而衣之；寡人忧劳百姓，而单亦忧之，称寡人之意。'单有是善，而王嘉之，单之善，亦王之善已。"王曰："善。"乃赐单牛酒，嘉其行。

后数日，贯珠者复见王曰："王至朝日，宜召田单而揖之于庭，口劳之。乃布令求百姓之饥寒者收谷之。"乃使人听于闾里，闻丈夫之相与语，举曰："田单之爱人！嗟，乃王之教泽也！"

译文

燕军攻齐，临淄被攻破，齐闵王逃到莒地，为淖齿所杀。田单死守即墨，后来反击，大败燕军，并且收复了国都临淄，迎回躲在民间的太子襄王。齐军破燕，议立国君，田单对立襄王为国君犹豫不绝，齐国的老百姓都怀疑田单会自立为王。后来田单立太子为襄王，自居相位。

有一天，田单路过淄水，看见一位老者赤足渡河冻坏了，无法再走，僵坐在岸边的沙土上。田单看见老者身体寒冷，就让随从分件衣服给他，但随从们没有多余的衣服，田单就脱下自己的皮裘送给老者。齐襄王内心很是憎恶田单这种收买人心的行为，他自言自语说："田单这样用小恩小惠收买人心，莫非图谋我的王权富贵？如果不先发制人，恐怕后悔也来不及了。"说完，他猛然从自言自语中惊醒，警惕地左右察看，没什么人，只是岩石下有个采珠人，襄王把他叫唤过来问道："你听到我说什么了吗？"采珠者坦白承认："都听到了。"襄王杀意顿生，却故意问道："你认为我该怎么做？"那人说："大王不如顺水推舟，把它变成自己的善行。您可以发布诏令嘉奖田单的行为，并说：'寡人担心百姓子民挨饿受冻，相国就分赐他们衣食；寡人关心百姓，相国也满腹忧心。相国这样做，正合寡人心意。'田单既有这些优点，而大王又赞扬他，要知道赞扬田单的优点，也正是宣扬大王的圣德。"襄王叹道："好主意！"于是以牛酒犒劳田单，表扬了他给贫民送衣的行为。

过了几天，采珠人又去拜见襄王，进言说："来日百官上朝，大王应该特地召见田单，并在朝堂上加倍礼让尊敬，亲自表示慰问，然后下令调查饥寒交迫的百姓，给以赈济。"襄王一一照办后，又派人到街头里巷打探民众的态度，听见老百姓都在谈论说："田单很爱护百姓，哎呀！这全是大王教导得好啊！"

智慧解读

采珠者是一个极为聪明的人，他用自己的智慧和口才化险为夷、绝处逢生。他的三言两语化解了一场君臣之间的危机，使自己也免去了杀身之祸。他之智慧，在于看到了世间事物既有冲突的一面，也有相互提升，互惠互利的一面。襄王对田单的肯定、褒扬、给予，使自己也得到很大的实惠。现代社会的市场经济，更是将这种人与人之间的双赢、共同提高达到了一种新境界。有合作才能有收获，有开放才能有机会。你给予的越多，你收获的也就越多。

燕攻齐取七十余城

原文

燕攻齐，取七十余城，唯莒、即墨不下。齐田单以即墨破燕，杀骑劫。

初，燕将攻聊城，人或谗之。燕将惧诛，遂保守聊城，不敢归。田单攻之岁余，士卒多死，而聊城不下。

鲁连乃书，约之矢以射城中，遗燕将。曰："吾闻之，智者不倍时而弃利，勇士不怯死而灭名，忠臣不先身而后君。今公行一朝之忿，不顾燕王之无臣，非忠也；杀身亡聊城，而威王不信于齐，非勇也；功废名灭，后世无称，非知也。故知者不再计，勇士不怯死。今死生荣辱，尊卑贵贱，此其一时也。愿公之详计而无与俗同也。

且楚攻南阳，魏攻平陆，齐无南面之心，以为亡南阳之害，不若得济北之利，故定计而坚守之。今秦人下兵，魏不敢东面，横秦之势合，则楚之形危。且弃南阳，断右壤，存济北，计必为之。今楚、魏交退，燕救不至，齐无天下之规，与聊城共据期年之弊，即臣见公之不能得也。

　　齐必决之于聊城，公无再计。彼燕国大乱，君臣过计，上下迷惑，
栗腹以百万之众，五折于外，万乘之国，被围于赵，壤削主困，为天
下戮，公闻之乎？今燕王方寒心独立，大臣不足恃，国弊祸多，民心
无所归。今公又以弊聊之民，距全齐之兵，期年不解，是墨翟之守也；
食人炊骨，士无反北之心，是孙膑、吴起之兵也。能以见于天下矣！

　　"故为公计者，不如罢兵休士，全车甲，归报燕王，燕王必喜。
士民见公，如见父母，交游攘臂而议于世，功业可明矣。上辅孤主，
以制群臣；下养百姓，以资说士。矫国革俗於天下，功名可立也。意
者，亦捐燕弃世，东游与齐乎？请裂地定封，富比陶、卫，世世称孤，
与齐久存，此亦一计也。二者显名厚实也，愿公熟计而审处一也。

　　"且吾闻效小节者，不能行大威；恶小耻者不能立荣名。昔管仲
射桓公中钩，篡也；遗公子纠而不能死，怯也；束缚桎梏，辱身也。
此三行者，乡里不通也，世主不臣也。使管仲终穷抑，幽囚而不出，
惭耻而不见，穷年没寿，不免为辱人贱行矣。然而管子并三行之过，
据齐国之政，一匡天下，九合诸侯，为五伯首，名高天下，光照邻国。

　　曹沫为鲁君将，三战三北，而丧地千里。使曹子之足不离陈，计
不顾后，出必死而不生，则不免为败军禽将。曹子以败军禽将，非勇
也；功废名灭，后世无称，非知也。故去三北之耻，退而与鲁君计也，
曹子以为遭。齐桓公有天下，朝诸侯。曹子以一剑之任，劫桓公于坛
位之上，颜色不变，而辞气不悖。三战之所丧，一朝而反之，天下震
动，诸侯惊骇，威信吴、楚，传名后世。若此二公者，非不能行小节，
死小耻也，以为杀身绝世，功名不立，非知也。故去忿恚之心，而成
终身之名；除感忽之耻，而立累世之功。故业与三王争流，名与天壤
相敝也。公其图之！"

　　燕将曰："敬闻命矣。"因罢兵到读而去。故解齐国之围，救百姓
之死，仲连之说也。

译文

燕国攻打齐国，夺取了七十多座城，只有莒和即墨两地保存下来。齐将田单就以即墨为据点大败燕军，杀死燕将骑劫。

当初，有位燕将攻占了聊城，可是却被人在燕王那里进了谗言，这位燕将害怕会被处死，就死守在聊城不敢回国。齐将田单为收复聊城，打了一年多，将士死伤累累，可聊城仍然岿然不动。

齐国谋臣鲁仲连就写了一封信，绑在箭杆上，射到城内，信中这样对燕将讲："我听说，智者不去做违背时势、有损利益的事，勇士不去做害怕死去而毁掉荣誉的事，忠臣总是处处为君王着想而后才想到自己。现在将军竟因一时的激愤，而不顾燕王失去一位大臣，这不是忠臣所为；城破身死，威名不会在齐国传播，这不是勇士的举动；战功废弃，英名埋没，后人不会称道，这不是聪明人的举动。因此，明智的人不会踌躇不决，勇敢的人不会贪生怕死，如今生死荣辱、尊卑贵贱，都取决于一时的当机立断，希望将军能够三思而行，不要与普通人一般见识。

"而且楚国进攻南阳、魏国进逼平陆，齐国压根就没有分兵拒击的意思，认为失去南阳之害，不及攻取聊城之利，所以一心一意攻打聊城。如今秦王出兵助齐，魏国再不敢出兵平陆；秦齐连横之势已定，楚国此刻岌岌可危。何况即便弃南阳、失平陆，只要能保全聊城之地，齐国也会一意孤行，在所不惜。如今楚、魏先后退兵，可燕国的援军仍然毫无消息，齐国既没有了外患，就会与你相持下去直至最终定出成败。一年之后，我恐怕就见不到将军之面了。

"总之，攻取聊城是秦国既定不变的方略，你切莫举棋不定。将军知道吗？目下燕国内乱，君臣失措，上下惶惑。燕将栗腹率领百万军队进攻赵国，却屡战屡败，燕国本是万乘强国，却被赵国围困。土地被掠夺，国君遭困厄，为天下诸侯耻笑。现在，大臣不足以倚仗，兵祸连连，国难深重，民心涣散。燕王正处在心惊胆战、孤立无援的境地，而你却能指挥早已疲惫不堪的聊城子民，抗拒整个齐国的兵马，已历一年，聊城现今仍安如磐石，将军确如墨翟一般善于攻守；士兵们饥饿到食人肉炊人骨的地步，而始终没有背弃你的想法，你确如孙膑、吴起一样善于用兵。就凭这两条，将军足可成名于天下！

"因此，我替你打算，不如罢兵休斗，保全车仗甲胄，回国向燕王复命，他一定会很高兴。燕国的官吏子民见到你，会如同见到父母一般敬爱热情，新朋故交会抓着你的胳膊赞扬将军的赫赫战功，这样将军就会名扬天下。然后，将军上可辅佐国君，统制群臣；下可存恤百姓，奉养说客；矫正国弊，改革陋俗，完全能够建立更大的功名。如果将军不愿回去，是否能考虑一下抛弃世俗的成见，隐居于齐呢？我会让齐王赐你封地，与秦国的魏冉、商鞅般富有，代代相袭，与齐并存，这是另一条出路。这两者，一是扬名当世；一是富贵安逸，希望你慎重考虑，选择其中一种。

"我还听说过于看重小节，难以建树大功；不堪忍受小辱，难以成就威名。从前管仲弯弓射中桓公的带钩，这是篡逆作乱；不能为公子纠死义，这是贪生惜命；身陷囚笼，这是奇耻大辱。有了这三种行径，虽乡民野老也不会与之交往，君主也不会以之为臣。如果管仲因此困辱抑制自己的志向，不再出仕，以卑贱的劳作辱没一生。可是他却在身兼三种恶行的情况下，执掌齐国政事，扶正天下，九次召集诸侯会盟，使桓公得以成为春秋五霸之首，他自己也名满天下，光耀邻邦。

"曹沫是鲁国的将军，三战三败，失地千里。如果他发誓永远不离开疆场，不顾后果一意孤行，他一定会战死沙场，那就不过是一个丧师身殁的败将而已。这样一来，就不能称为勇士；功名淹没，不能算是聪明。可是，他能隐忍三次败北的耻辱，与庄公重新谋划。齐桓公威服天下之后，召集诸侯会盟，曹沫就凭着一柄宝剑，在祭坛之上劫持桓公，从容不迫，义正辞严，一朝收回失地，天下为之震动。他的威名更远播吴楚而名重后世。以上说的管仲、曹沫两个人，并不是不能遵行小节，为小耻而死，只是他们认为功名未立，壮志未酬，愤而求死是不明智的做法。所以才决定抛弃愤恨之心，成就一生的功名；忍受一时耻辱，建立万世功业。他们的功业可与三王争高低，声名可与天地共短长，愿将军三思而后行！"

　　燕将深为折服，答复鲁仲连说："谨遵先生之命。"于是，背着兵器撤军回国。因此说，解除齐兵对聊城的围困，使百姓免遭刀兵之祸，全是鲁仲连的功劳呀！

智慧解读

　　鲁仲连的游说令人顿生豪气、让人为之动容、折服。他非常善于调动人的情感，既善于分析形势，以时局胁迫燕将就范，又善于激发男人心灵深处的英雄豪情和凌云壮志，以高尚的事物打动燕将。

　　一开始鲁仲连就单刀直入，抓住燕将死守聊城不敢回国的根本原因不放，指出燕将不要因为谗言造成的一时激愤而失去太多。紧接着用事实指出齐国一定会要攻下聊城不可，以此打消燕将的侥幸心理，用武力威胁燕将必须放弃守城。威胁完之后，又夸奖燕将如同墨翟、孙膑、吴起一般，让他心生欣慰、踌躇满志，并且指出了燕将班师回国后的美好前景。最后，他用管仲、曹沫的非凡事迹和英雄壮举，再一次地说明了忍小辱、成大功的必要性，再一次激荡起燕将心中成大业、立大功的雄心壮志。整个游说过程不仅极具说服力，而且形式上非常的壮美，情感上让人激情荡漾、极富感染力。古人具有这般厉害的口才，生为后来者，我们只有勤学苦练，方能对得起我们的祖宗啊！

齐人见田骈

原文

齐王见田骈，曰："闻先生高议，设为不宦，而愿为役。"田骈曰："子何闻之？"对曰："臣闻之邻人之女。"田骈曰："何谓也？"对曰："臣邻人之女，设为不嫁，行年三十而有七子，不嫁则不嫁，然嫁过毕矣。今先生设为不宦，赀养千锺，徒百人，不宦则然矣，而富过毕也。"田子辞。

译文

有个齐国人去见田骈，说："听说先生道德高尚，主张不能入仕途为官，一心只求为百姓出力。"田骈问："你从哪里听来的？"那人答道："从邻家女处听来。"田骈问："你说这些是什么意思？"那人说："邻家之女立志不嫁，年龄还没到三十岁却有子女七个人，说是不嫁吧，却比出嫁更厉害。如今先生不仕，却有俸禄千钟，仆役百人，说是不做官，可比做了官还富有呀！"田骈表示惭愧。

智慧解读

在道德至上的中国，清高的言行必然会带来美誉，道德上的作秀充斥官场。于是乎众多善于作秀的政客，鱼目混珠、虚伪的扮起道德完人的角色。其实在政治上最要不得的就是清高和矫情，政治的标准是功利和实效，而清高之人忙于一些虚的东西而损害了实际的效用，表面一套，背后一套，虚伪透顶，影响的是事情的效率和国家的利益。

大厦将倾时的晚清清议派标榜民族大义，自命清亮气节，对外国一律排斥，而且敌视对外折冲樽俎、变通妥协，对内变法自强、"师夷长技以制夷"的改革派，结果刚毅等清议派与慈禧太后竟然与义和团结合在一起，固步自封、盲目排外，最终导致旷世外辱、仓皇西逃。他们只能代表历史的落后势力、是文明的倒退，对国家的富强毫无补益。而当时的进步势力是曾国藩、李鸿章、左宗棠等务实派、洋务派，他们认为徐图自强、学习他国、改革开放者是利国利民的当务之急，而那些毫无头脑、标榜节义、自作高尚的清议派，却是政治上幼稚、事功上祸国殃民的倒退落后势力。

齐王使使者问赵威后

原文

齐王使使者问赵威后。书未发，威后问使者曰："岁亦无恙耶？民亦无恙耶？王亦无恙耶？"使者不说，曰："臣奉使使威后，今不问王，而先问岁与民，岂先贱而后尊贵者乎？"威后曰："不然。苟无岁，何以有民？苟无民，何以有君？故有舍本而问末者耶？"乃进而问之曰："齐有处士曰锺离子，无恙耶？是其为人也，有粮者亦食，无粮者亦食；有衣者亦衣，无衣者亦衣。是助王养其民也，何以至今不业也？

叶阳子无恙乎？是其为人，哀鳏寡，恤孤独，振困穷，补不足。是助王息其民者也，何以至今不业也？北宫之女婴儿子无恙耶？彻其环?，至老不嫁，以养父母。是皆率民而出于孝情者也，胡为至今不朝也？此二士弗业，一女不朝，何以王齐国，子万民乎？於陵子仲尚存乎？是其为人也，上不臣于王，下不治其家，中不索交诸侯。此率民而出于无用者，何为至今不杀乎？"

译文

齐襄王派遣使者问候赵威后，还没有打开书信，赵威后问使者："今年收成还可以吧？百姓安乐吗？你们大王无恙吧？"使者有点不高兴，说："臣奉大王之命向太后问好，您不先问我们大王状况却打听年成、百姓的状况，这有点先卑后尊吧？"赵威后回答说："话不能这样说。如果没有年成，百姓凭什么繁衍生息？如果没有百姓，大王又怎能南面称尊？岂有舍本问末的道理？"她接着又问："齐有隐士钟离子，还好吧？他主张有粮食的人让他们有饭吃，没粮食的人也让他们有饭吃；有衣服的给他们衣服，没有衣服的也给他们衣服，这是在帮助君王养活百姓，齐王为何至今未有重用他？

叶阳子还好吧？他主张怜恤鳏寡孤独，振济穷困不足，这是替大王存恤百姓，为何至今还不加以任用？北宫家的女儿婴儿子还好吗？她摘去耳环玉饰，至今不嫁，一心奉养双亲，用孝道为百姓做出表率，为何至今未被朝廷褒奖？这样的两位隐士不受重用，一位孝女不被接见，齐王怎能治理齐国、抚恤万民呢？於陵的子仲这个人还活在世上吗？他在上对君王不行臣道，在下不能很好地治理家业，又不和诸侯交往，这是在引导百姓朝无所事事的地方走呀！齐王为什么至今还不处死他呢？"

智慧解读

"天下者，天下人之天下也"，古人早已悟出了民主政治的精髓，一个国家是以人民为尊贵，而非君主、统治者为尊贵的，这是近代人民主权论在远古的先声。"民为贵、君为轻、社稷次之"，君主只是为人民所认可的管理者，是"人民的公仆"，中国这种传统的民本主义思想渊源于先秦战国，对当时的政治家和各国首脑们认识国家的实质起到了很大的作用，矫正了统治者霸权主义的国家观念，清明的领导人应该明白只有以民为贵、以民为主，才能政通人和、长治久安。

先生王斗

原文

先生王斗造门而欲见齐宣王，宣王使谒者延入。王斗曰："斗趋见王为好势，王趋见斗为好士，于王何如？"使者复还报。王曰："先生徐之，寡人请从。"宣王因趋而迎之于门，与入，曰："寡人奉先君之宗庙，守社稷，闻先生直言正谏不讳。"王斗对曰："王闻之过。斗生于乱世，事乱君，焉敢直言正谏。"宣王忿然作色，不说。

有间，王斗曰："昔先君桓公所好者五，九合诸侯，一匡天下，天子受籍，立为大伯。今王有四焉。"宣王说，曰："寡人愚陋，守齐国，惟恐失抎之，焉能有四焉？"王斗曰："否。先君好马，王亦好马。先君好狗，王亦好狗。先君好酒，王亦好酒。先君好色，王亦好色。先君好士，是王不好士。"宣王曰："当今之世无士，寡人何好？"

王斗曰："世无骐麟骐耳，王驷已备矣。世无东郭逡、庐氏之狗，王之走狗已具矣。世无毛嫱、西施，王宫已充矣。王亦不好士也，何患无士？"王曰："寡人忧国爱民，固愿得士以治之。"王斗曰："王之忧国爱民，不若王爱尺縠也。"王曰："何谓也？"王斗曰："王使人为冠，不使左右便辟而使工者何也？为能之也。今王治齐，非左右便辟无使也，臣故曰'不如爱尺'縠也。"

宣王谢曰："寡人有罪国家。"于是举士五人任官，齐国大治。

译文

　　王斗先生登门造访，求见宣王。宣王吩咐侍者接人。王斗说："我赶上前去见大王是趋炎附势，而大王主动来见我，则是求贤礼士，不知大王意思怎样？"侍者回报。宣王赶紧说："先生慢行，寡人亲自来迎接！"于是快步前去迎见王斗入宫。宣王说："寡人不才，有幸得以事奉先王宗庙，管理社稷，我平时听说先生能直言进谏，无所讳言。"王斗回答说："大王听错了，我生于乱世，侍奉昏君，怎么能直言进谏？"宣王极为不快，不禁忿然作色。

　　过了一会儿，王斗说："先主桓公，有五样爱好，后来九合诸侯，匡扶周室，周天子赐给封地，承认他为诸侯领袖。现在大王有四种爱好与先主相同。"宣王高兴了，但仍极力谦辞："寡人才识疏浅，治国安邦还担心力有不及，又怎能有先主的四样爱好？"王斗说："当然有。先主好马，王也好马；先主好狗，王也好狗；先主好酒，王也好酒；先君好色，王也好色；先主好士，王却不是那样。"宣王勉强说："当今世上没有优秀的人才，寡人如何喜爱他们？"王斗说："当世没有骐骥、骐耳这样的骏马，卢氏那样的良犬，大王的马匹、猎狗已经够多的了；当世没有毛嫱、西施一类的美女，可大王的后宫俱已充盈。大王只是不喜欢贤士而已，哪里是因为当世无贤士？"宣王说："寡人忧国忧民，心底里就盼望聘得贤士共治齐国。"王斗进一步说："臣以为大王忧国忧民远不如爱惜一尺绉纱。"宣王问道："此话怎讲？"回答说："大王做帽子，不用身边的人而请能工巧匠，原因何在？是因为他们手艺高超，会做帽子。可是现在大王治理齐国，不问才德，非亲不用，故我私下以为在大王心中，国家社稷不若一尺绉纱。"

宣王顿悟，谢罪道："寡人于国有罪。"于是，选拔五位贤士任职，齐国因而大治。

智慧解读

对居于上位的统治者进言，一定要在气势上压倒对方、也一定要找到一个可以压倒他的事物来折服他。对于齐宣王而言，九合诸侯的先主齐桓公是他不能不折服的，王斗用先主与宣王作类比，找到了两者不同之处、也即宣王的不足之处。有齐桓公的光辉形象与功业在那里，宣王能不承认错误、反省和改正自己吗？

孟尝君出行五国

原文

孟尝君出行五国，至楚，楚献象床。郢之登徒直送之，不欲行。见孟尝君门人公孙戍曰："臣，郢之登徒也，直送象床。象床之值千金，伤此若发漂，卖妻子不足偿之。足下能使仆无行，先人有宝剑，愿得献之。"公孙曰："诺。"

入见孟尝君曰："君岂受楚象床哉？"孟尝君曰："然。"公孙戍曰："臣愿君勿受。"孟尝君曰："何哉？"公孙戌曰："五国所以皆致相印于君者，闻君于齐能振达贫穷，有存亡继绝之义。五国英杰之主，皆以国事累君，诚说君之义慕君之廉也。君今到楚而受床，所为至之国，将何以待君？臣戌愿君勿受。"孟尝君曰："诺。"

公孙戌趋而去。未出，至中闺，君召而返之，曰："子教文无受象床，甚善。今何举足之高，志之扬也？"公孙戌曰："臣有大喜三，重之宝剑一。"孟尝君曰："何谓也？"公孙戌曰："门下百数，莫敢入谏，臣独入谏，臣一喜；谏而得听，臣二喜；谏而止君之过，臣三喜。输象床，郢之登徒不欲行，许戌以先人之宝剑。"孟尝君曰："善。受之乎？"公孙戌曰："未敢。"曰："急受之。"因书门版曰："有能扬文之名，止文之过，私得宝于外者，疾入谏。"

译文

孟尝君出巡五国，到达楚国时，楚王要送给他一张用象牙制成的床。郢都一个以登徒为姓氏的人正好当班护送象牙床，可是他不愿意去，于是找到孟尝君的门客公孙戌，与他商量此事。那人说："我是郢人登徒，如今我当班护送象牙床，以献薛公，可是那床价值千金，稍有损坏，即使卖掉了妻室儿女也赔不起。先生不如设法让我免掉这个差使，愿以先人宝剑为报。"公孙戌不假思索，很痛快地答应了。

于是公孙戌往见孟尝君，说："贤公准备接受楚人馈送的象牙床吗？"孟尝君点头言是。公孙戌劝他不要这样做。孟尝君向他询问其中的缘故。公孙戌说："五国之所以以相印授公，只是因为听说您在齐地有怜恤孤贫的美德，在诸侯中有存亡继绝的美名，五国君主这才以国事委公，这实在是仰慕您的仁义廉洁。况且您在楚国就接受了象牙床这样的重礼，巡行至其他小国，又拿什么样的礼物馈赠于您呢？所以臣希望您万不可受人之礼。"孟尝君很爽快地答应了。

公孙戍快步退了出去，走到中门，孟尝君起了疑心，把他叫了回来："先生叫田文勿受象牙床之礼，这固然是一项很好的建议，但为何先生如此乐不可支呢？"公孙戍见隐瞒不得，便婉言辩道："臣有三大喜事，外加更得一柄宝剑。"孟尝君不解："先生此话怎讲？"公孙戍说："贤公门下食客何止百人，却只有臣敢于进谏，此喜之一；谏而能听，此其二；谏而能止君之过，此其三。而为楚送象牙床的登徒，不愿意送床。他曾答应事成之后，送臣一柄先人宝剑。"孟尝君没有恼怒，反有嘉许之色："先生接受宝剑了没有？"公孙戍说："未得贤公许可，戍不敢接受馈赠。"孟尝君催促他："赶快收下！"因为这件事，孟尝君在门扇上写道："谁能传扬田文名声，而谏止田文犯过，即使私自在外获得珍宝，也可迅速来谏！"

智慧解读

在高位者必须明白，社会的贫富差距是永远存在的，而且大多数民众的生活并不是很好，与权贵们、与自己无法相比。如果自己的生活太过奢华，就会脱离民众、劳民伤财。所以怜恤孤贫、物质生活上只求过得去，不求奢华的品德是领导者保持自己道德影响力、感召力的基本准则。可贵的是公孙戍将此番道理能巧妙地告知孟尝君，既让君子避免了行为的失误，又使自己能有助于朋友，他敢于伸张大义，以正气来谏止权势者的说服方法值得我们学习。

孟尝君舍人

原文

孟尝君舍人有与君之夫人相爱者。或以问孟尝君曰："为君舍人

而内与夫人相爱，亦甚不义矣，君其杀之。"君曰："睹貌而相悦者，
人之情也，其错之，勿言也。"

居期年，君召爱夫人者而谓之曰："子与文游久矣，大官未可得，
小官公又弗欲。卫君与文布衣交，请具车马皮币，愿君以此从卫君
游。"于卫甚重。

齐、卫之交恶，卫君甚欲约天下之兵以攻齐。是人谓卫君曰：
"孟尝君不知臣不肖，以臣欺君。且臣闻齐、卫先君，刑马压羊，盟
曰：'齐、卫后世无相攻伐，有相攻伐者，令其命如此。'今君约天下
者兵以攻齐，是足下倍先君盟约而欺孟尝君也。愿君勿以齐为心。君
听臣则可；不听臣，若臣不肖也，臣辄以颈血湔足下衿。"卫君乃止。

齐人闻之曰："孟尝君可谓善为事矣，转祸为功。"

译文

孟尝君门客之中，有个人十分爱慕孟尝君的夫人。有人把这事告
诉了孟尝君，并说："食君之禄，却爱君之夫人，此人也太不够义气
了，阁下何不杀了他？"孟尝君说："悦人之貌，渐生爱心，此亦人之
常情，你可不要再提此事啦。"

过了一年，孟尝君召来那个爱慕夫人的门客，对他说："你在我
处时日也不算短了，一直未能为先生觅到好职位。小官职先生又会不
屑一顾，田文又不敢委屈大才，恰好如今的卫君与田文是布衣之交，
田文愿替先生准备车马钱币报效卫君。"这个门客去到卫国以后，很
受卫君的看重。

后来齐、卫两国关系一度出现剑拔弩张的局面，卫君极想纠集诸
侯进攻齐国。这时那个门客站出来对卫君说："孟尝君不知道臣无德
无能，把臣推荐于王。臣曾闻先王之事，过去齐、卫两国君王杀马宰
羊，彼此立下盟约：'齐、卫子孙，不得刀兵相向，若违背誓言出兵
攻伐的，下场有如此马此羊！'如今大王约集诸侯，准备进攻齐国，

正是违背先君盟约，同时也欺骗了孟尝君。臣希望大王息怒，不要再计划伐齐的事了！大王听从臣的劝告也就罢了，如若不听，像臣这样不肖的，也会把自己颈项之血溅在您的衣襟之上！"卫君于是打消了伐齐的念头。

齐人听到这件事，都赞叹道："孟尝君真可谓善于待人处事，因此能够转危为安。"

智慧解读

"海纳百川，有容则大"，没有足够的气量和胸怀，是做不成领导者的。藏污纳垢、容忍下属的某些欲求和缺陷也即具备容人之量，才能使下属由衷的归附和尊敬你，才能为你卖命。凡是小肚鸡肠、心胸狭窄者，不仅具备不了领导魅力，反而会与下属搞僵关系、反目成仇。该让利的就让利，华人首富李嘉诚一次谈到他的成功之道时说：要使你的合作者得到的比他预想的多，而你自己一定要多分利给合作者。为人的气量决定了李嘉诚成为首富。

孟尝君将入秦

原文

孟尝君将入秦，止者千数而弗听。苏秦欲止之，孟尝曰："人事者，吾已尽知之矣；吾所未闻者，独鬼事耳。"苏秦曰："臣之来也，固不敢言人事也，固且以鬼事见君。"

孟尝君见之。谓孟尝君曰："今者臣来，过于淄上，有土偶人与桃梗相与语。桃梗谓土偶人曰：'子，西岸之土也，挺子以为人，至岁八月，降雨下，淄水至，则汝残矣。'土偶曰：'不然。吾西岸之土也，吾残，则复西岸耳。今子，东国之桃梗也，刻削子以为人，降雨下，淄水至，流子而去，则子漂漂者将何如耳。'今秦四塞之国，譬若虎口，而君入之，则臣不知君所出矣。"孟尝君乃止。

译文

孟尝君准备西入秦国，劝阻的人极多，但他一概不听。苏秦也想劝他，孟尝君却说："人世的事情，我都知道了；我所没有听说过的，只有鬼怪之事了。"苏秦说："臣这次来，确实也不敢谈人间的事，而是专门为讨论鬼的事求您接见。"

孟尝君就接见他。苏秦对他说："臣这次来齐国，路经淄水，听见一个土偶和桃人交谈。桃人对土偶说：'你原是西岸之土，被捏制成人，到八月季节，天降大雨，淄水冲来，你就残而不全了。'土偶说：'你的话不对。我是西岸之土，即使为大水所毁仍是西岸之土。而你是东方桃木雕刻而成，天降大雨，淄水横流，你随波而去，还不知止于何地呢？'现在那秦国关山四塞，状如虎口，而殿下入秦，臣不知道殿下能否安然而出。"孟尝君听了之后就取消了行程。

智慧解读

"皮之不存，毛将焉附"，社会上的人一定要有自己的根据地、要有自己的根，要将属于自己的范围经营好，而且轻易不要离开自己的根据地，否则就像一叶飘萍，没有根基，经不住风浪。要经营和发展人生，在地域的选择上初期一定要固定，要选择自己人际关系比较多、各方面比较适应的地方发展，等有足够实力，再向外拓展不迟。

齐王夫人死

原文

齐王夫人死，有七孺子皆近。薛公欲知王所欲立，乃献七珥，美其一，明日，视美珥所在，劝王立为夫人。

译文

齐王的夫人死了，有七个妃嫔都受到齐王宠爱。薛公田文想探知哪个美人会被立为王后，于是便献上七副玉质耳饰，其中一副特别加工打造，最为美观。第二天，他看到那个最精美的耳饰被哪位戴着，就劝说齐王立之为后。

智慧解读

机灵的人善于通过小事来明察秋毫之末，干大事者不能不留意小节。通过最细致入微的变化，我们可以获取非常有用的信息。不仅要被动观察变化，最宝贵的是我们要会设计变化，再通过对方应对变化的方式，就可探知到他的本质。

楚王死太子在齐质

原文

楚王死，太子在齐质。苏秦谓薛公曰："君何不留楚太子以市其下东国？"薛公曰："不可，我留太子，郢中立王，然则是我抱空质而行不义于天下也。"苏秦曰："不然，郢中立王，君因谓其新王曰：'与我下东国，吾为王杀太子，不然，吾将与三国共立之。'然则下东国必可得也。"

苏秦之事，可以请行；可以令楚王亟入下东国；可以益割于楚；可以忠太子而使楚益入地；可以为楚王走太子；可以忠太子，使之亟去；可以恶苏秦于薛公；可以为苏秦请封于楚；可以使人说薛公以善苏子；可以使苏子自解于薛公。

苏秦谓薛公曰："臣闻'谋泄者事无功，计不决者名不成。'今君留太子者，以市下东国也。非亟得下东国者，则楚之计变，变则是君抱空质而负名与天下也。"薛公曰："善。为之奈何？"对曰："臣请为君之楚，使亟入下东国之地。楚得成，则君无败矣。"薛公曰："善。"因遣之。

谓楚王曰："齐欲奉天子而立之。臣观薛公之留太子者，以市下东国也。今王不亟入下东国，则太子且倍王之割而使齐奉己。"楚王曰："谨受命。"因献下东国。——故曰可以使楚亟入地也。

谓薛公曰："楚之势，可多割也。"薛公曰："奈何？""请告天子其故，使太子谒君，以忠太子，使楚王闻之，可以益入地。"——故曰可以益割于楚。

谓太子曰："齐奉太子而立之，楚王请割地以留太子，齐少其地。

太子何不倍楚之割地而资齐，齐必奉太子。"太子曰："善。"倍楚之割而延齐。楚王闻之恐，益割地而献之，尚恐事不成。——故曰可以使楚益入地也。

谓楚王曰："齐之所以敢多割地者，挟太子也。今已得地而求不止者，以太子权王也。故臣能去太子。太子去，齐无辞，必不倍于王也。王因驰强齐而为交，齐辞，必听王。然则是王去仇而得齐交也。"楚王大悦，曰："请以国因。"——故曰可以为楚王使太子亟去也。

谓太子曰："夫剸楚者王也，以空名市者，太子也，齐未必信太子之言也，而楚功见矣。楚交成，太子必危矣。太子其图之。"太子曰："谨受命。"乃约车而暮去。——故曰可以使太子急去也。

苏秦使人请薛公曰："夫劝留太子者，苏秦也。苏诚非诚以为君也，且以便楚也。苏秦恐君之知之，故多割楚以灭迹也。今劝太子者，又苏秦也，而君弗知，臣窃为君疑之。"薛公大怒于苏秦。——故曰，可使人恶苏秦于薛公也。

又使人谓楚王曰："夫使薛公留太子者，苏秦也；奉王而代立楚太子者，又苏秦也，割地固约者，又苏秦也；忠王而走太子者，又苏秦也；今人恶苏秦于薛公，以其为齐薄而为楚厚也。愿王之知之。"楚王曰。"谨受命。"因封苏秦为武贞君。——故曰可以为苏秦请封于楚也。

又使景鲤请薛公曰："君之所以重于天下者，以能得天下之士，而有齐权也。今苏秦天下必辩士也，世与少有。君因不善苏秦，则是围塞天下士，而不利说途也。夫不善君者且奉苏秦，而于君之事殆矣。今苏秦善于楚王，而君不蚤亲，则是身与楚为仇也。故君不如因而亲之，贵而重之，是君有楚也。"薛公因善苏秦。——故曰可以为苏秦说薛公以善苏秦。

译文

　　楚怀王死在秦国时，太子还在齐国充当人质。苏秦就对担任齐相的孟尝君田文说："阁下何不扣留楚太子，用他与楚国交换下东国之地呢？"孟尝君说："不能这样做，假如我扣留楚太子，而楚国另立新君，人质便失去了挟持的价值，反而落得不义之名。"苏秦说："不对，楚国一旦另立新君，阁下大可以挟太子以逼新主：'如果楚能割下东国之地与齐，我就为大王杀掉太子这个第一政敌，否则我将联合秦、韩、魏三国共拥太子为君。'这样下东国之地必能到手。"

　　苏秦的这个计谋有多种好处：他可以请求出使楚国；可以迫使楚王尽快割让下东国给齐国；可以继续让楚国多割让土地给齐国；可以假装忠于太子，迫使楚国增加割地的数目；可以替楚王赶走太子；可以假装替太子着想而让他离开齐国；可以借此事在孟尝君那里诋毁自己趁机取得楚国的封地；也可以令人说动孟尝君，以自己的计策解除孟尝君对自己的戒心。（按：以上都是假设，以下是完成这些假设的实践）

　　苏秦对孟尝君说："我听说，'计谋泄露不会成功，遇事不决难以成名'。如今阁下扣留太子，是为了得到下东国之地，如果不尽快行动，恐怕楚人会另有算计，阁下便会处于空有人质而身负不义之名的尴尬处境。"孟尝君："先生说得很对，但是我该怎么办？"苏秦回答说："我愿意为您出使楚国，游说它尽快割让下东国之地。一旦得地，阁下便成功了。"孟尝君说："有劳先生了。"于是派苏秦到楚国完成使命。

　　苏秦至楚，对新立的楚王说："齐人欲奉太子为王，图谋用太子交换贵国的下东国之地。现今事势紧迫，大王如果不尽快割让下东国给齐，太子便会用比大王多出一倍的土地换取齐人对自己的支持。"楚王赶紧恭敬地回答："寡人一切遵命照办！"于是献出下东国之地。——可见苏秦之计能使楚王赶紧割让土地。

苏秦回来对孟尝君说："看楚王诚惶诚恐的样子，还可以多割占些土地。"孟尝君问："有何办法？"苏秦答道："请让我把内情告诉太子，使他前来见您，您假意表示支持他回国执政，然后故意让楚王知道，他自会割让更多的土地。"——可见苏秦之计可以从楚国继续多割取土地。

于是苏秦前去拜见楚太子，对他说："齐国拥立太子为楚王，可是新立的楚王却以土地贿赂齐国以扣留太子。齐国嫌得到土地太少，太子何不以更多倍数的土地许诺于齐呢？若能如此，齐人一定会支持您。"太子说："好主意。"就把比楚王割让的多出一倍的土地许诺给齐国。楚王听到这个消息，甚是惊慌，便割让更多的土地，还诚惶诚恐，害怕事情不能成功。——可见苏秦之计可以使楚王割更多的土地。

苏秦又跑到楚王那里讨好说："齐人之所以胆敢多割楚地，是因为他们以太子相要挟。如今虽已得到土地，可仍然纠缠不休，这还是有太子作要挟的缘故。臣愿意设法赶走太子，太子一走，齐国再无人质，必然再不敢向大王索要土地。大王趁机与齐达成一致协议，与之结交，齐人定然接受大王的要求。这样一来，既消灭了令大王寝食难安的仇敌，又结交到了强大的齐国。"楚王听了十分高兴，说："寡人以楚国托付给先生了。"——可见苏秦之计可以替楚王早点赶走太子。

于是苏秦再次拜见太子，忧心忡忡地说："现今专制一国的是楚王，太子您不过空具虚名，齐人未必相信太子的许诺，而新楚王业已割地给齐。一旦齐、楚交结，太子就有可能成为其中的牺牲品，请太子早作良策！"太子醒悟："惟先生之命是从。"于是整治车辆，乘马连夜逃去。——可见苏秦之计能尽早打发太子离开齐国。

这时苏秦又派人到孟尝君那里诋毁自己："劝您扣留太子的苏秦，并非一个心眼替您打算，他实在是为楚国的利益奔忙。他惟恐阁下察觉此事，便通过多割楚地的做法以掩饰形迹。这次劝太子连夜逃奔的也是苏秦，可您并不知晓，我私下里替您怀疑他的用心。"——可见苏秦之计可以使人到孟尝君那里诋毁自己。苏秦又派人到楚王那里游说："使孟尝君留太子的是苏秦，奉王而代立楚太子的也是苏秦，割地以达成协议的是苏秦，忠于大王而驱逐太子的仍然是苏秦。现在有人在孟尝君那里大进苏秦的谗言，说他厚楚而薄齐，死心塌地为大王效劳，希望大王能知道这些情况。"楚王说："寡人知道了。"于是封苏秦为武贞君。——可见苏秦之计能为自己受到楚国的封赏。

事情还未结束，苏秦通过景鲤向孟尝君进言说："阁下之所以名重天下，是因为您能延揽天下才识之士，从而左右齐国政局。如今苏秦，乃是天下出类拔萃的辩说之士，当世少有。阁下如果不加接纳，定会闭塞进才之道，也不利于游说策略的开展。万一您的政敌重用苏秦，阁下便会危机丛生。现在苏秦很得楚王的宠信，假如不及早结纳苏秦，就很容易与楚国结怨成仇。因此您不如顺水推舟，与之亲近，令其富贵荣达，阁下便得到楚国的支持。"于是孟尝君与苏秦言归于好。——可见苏秦之计可以劝服孟尝君善待自己。

智慧解读

苏秦在齐、楚两国间来回游说、互相借重，几个来回，使自己谋取了巨大的好处。苏秦看起来好像做了个齐、楚两国间传令兵的角色，实际上他传的话都是或威胁、或利诱、或哄抬自身。先期他用祸患威胁使楚国割地、使太子逃亡，后期他用利益、敌对方的器重来使自己在两国中越来越显贵。在这里，其威胁的游说方式和借重敌方哄抬自身的方法很值借鉴。

趋利避害是人之常情，故胁人以害，使其为避免危亡在即的祸患就可以就范我方的如意盘算。威胁是动用暴力等极端手段前的通牒或者虚张声势，威胁也是施行说理、施恩和其他仁政时必需要同时准备的手段，威胁用得逼真恰当，就可以轻易达成目的。苏秦的过人之处还在于看到楚王诚惶诚恐，就觉得威胁的作用超过了想象的程度，而向对方要求的砝码就继续加重。他这种揣摩对方，控制对方的能力何其毒辣。

挟敌方而重自己，因为自己一方不会轻易给你好处，当自己一方从敌方处看到你具有的重要作用，他才会重用、抬举你。苏秦做了大量的谋划工作，使双方都从对方处发现他奇货可居、必须重用，苏秦的谋划和安排使他能够左右逢源、四处渔利。

秦攻赵长平

原文

秦攻赵长平，齐、楚救之。秦计曰："齐、楚救赵，亲，则将退兵；不亲，则且遂攻之。"

赵无以食，请粟于齐，而齐不听。周子谓齐王曰："不如听之以却秦兵，不听则秦兵不却，是秦之计中，而齐、燕之计过矣。且赵之于燕、齐，隐蔽也，犹齿之有唇也，唇亡则齿寒。今日亡赵，则明日及齐、楚矣。且夫救赵之务，宜若奉漏瓮，沃焦釜。夫救赵，高义也；却秦兵，显名也。义救亡赵，威却强秦兵，不务为此，而务爱粟，则为国计者过矣。"

译文

秦国攻打赵国的长平，齐、楚两国起兵救赵。秦王盘算道："如今齐、楚前来救赵，如果他们团结一致，寡人退兵未迟；假如他们一盘散沙，则乘势攻之。"

这时，赵军粮食告急，派人向齐国借粮，可是齐王不理睬。谋臣周子对齐王说："大王不如把粮米暂借赵国，让他击退秦兵，如果不加理睬，秦兵就会无所忌惮，不会退去。这样，就正中了秦国的计策，而齐、燕就失策了。而且赵对于燕、齐两国来说，正是御秦的天然屏障。这正像牙齿跟嘴唇的关系，没有了嘴唇，牙齿就会感到寒冷。今日赵国罹难，明日灭亡之祸就会降临到齐、楚身上。因此救援赵国就好比捧着漏瓮、浇灭烧焦的锅一样，实在是十万火急。再说救赵是一种高尚的国际义举，击退秦国，也可以张扬名声，不去显示正义张扬威名，却一味地吝啬粮食，这确实是战略决策的错误啊。"

智慧解读

"唇亡齿寒"，这个成语实际上也是地缘政治学上的经典。地缘上的互相依存、联盟抗暴是各国政治家的共识。所以当今世界地域性组织非常众多。除了互利互助外，还能共同对付敌国。而如果忽视了地缘上互相之间的利害关系，国家之间、朋友之间不互相帮助，那么你的邻国、亲朋的受损境况，就是明天你的境况。

昭阳为楚伐魏

原文

昭阳为楚伐魏，覆军杀将得八城。移兵而攻齐。陈轸为齐王使，见昭阳，再拜贺战胜，起而问："楚之法，覆军杀将，其官爵何也？"昭阳曰："官为上柱国，爵为上执珪。"陈轸曰："异贵于此者何也？"曰："唯令尹耳。"陈轸曰："令尹贵矣！王非置两令尹也，臣窃为公譬可也。楚有祠者，赐其舍人卮酒。舍人相谓曰：'数人饮之不足，一人饮之有余。请画地为蛇，先成者饮酒。'一人蛇先生，引酒且饮之，乃左手持卮，右手画蛇，曰：'吾能为之足。'未成，人之蛇成，夺其卮曰：'蛇固无足，子安能为之足。'遂饮其酒。为蛇足者，终亡其酒。今君相楚而攻魏，破军杀将得八城，又移兵，欲攻齐，齐畏公甚，公以是为名居足矣，官之上非可重也。战无不胜而不知止者，身且死，爵且后归，犹为蛇足也。"昭阳以为然，解军而去。

译文

楚国大将昭阳率楚军攻打魏国，击杀魏将，大破其军，占领了八座城池，又移师攻打齐国。陈轸充任齐王使者去见昭阳，再拜之后祝贺楚军的胜利，然后站起来问昭阳："按照楚国的制度，灭敌杀将能封什么官爵禄位？"昭阳答道："官至上柱国，爵为上执。"陈轸接着又问："比这更尊贵的还有什么？"昭阳说："那只有令尹了。"陈轸就说："令尹的确是最显贵的官职，但楚王却不可能设两个令尹！我愿意替将军打个比方。楚国有个贵族祭过祖先，把一壶酒赐给门客。门客相顾商议：'这酒，几个人喝不够，一个人享用却有余，让我们各地上画一条蛇，先画成的请饮此酒。'有个门客率先完成，取过酒杯准备先喝，就左手持杯，右手又在地上画了起来，并说：'我还可以为蛇添上足呢。'蛇足尚未画完，另一门客的蛇也画好了，于是夺过他手中的酒杯，说'蛇本无脚，你怎能给它硬添上脚呢？'便喝了那酒。而画蛇脚的最终没有喝到酒。如今将军辅佐楚王攻打魏国，破军杀将，夺其八城，兵锋不减之际，又移师向齐，齐人震恐，凭这些，将军足以立身扬名了，而在官位上是不可能再有什么加封的。如果战无不胜却不懂得适可而止，只会招致杀身之祸，该得的官爵将不为将军所有，正如画蛇添足一样！"昭阳认为他的话有道理，就撤兵回国了。

智慧解读

陈轸果然是个厉害人物，用一个成语故事挽救了一个国家。他的口才很是出色，但是谋略更为出色。口才是为他的谋略服务的。陈轸这次先分析了楚国大将昭阳自身的私利，挑明了如果昭阳为自身算计的话，就不应该攻打齐国。而这个私利是与陈轸自己的目标相重叠的——昭阳为私利采取行动，那么齐国就得救了。

实施这个谋略的根本在于向昭阳讲明过犹不及、不要画蛇添足、而要适可而止的道理。这个道理被陈轸用"画蛇添足"的寓言故事说得一清二楚、淋漓尽致。在论说中运用妙趣横生、意味隽永、形象生动的寓言故事，既能使受众易于理解，又增强了我们说话的生动趣味性，具有很强的说服力，你不妨平时多多试用。

张仪事秦惠王

原文

张仪事秦惠王。惠王死，武王立左右恶张仪，曰："仪事先生不忠。"言未已，齐让又至。

张仪闻之，谓武王曰："仪有愚计，愿效之王。"王曰："奈何？"曰："为社稷计者，东方有大变，然后王可以多割地。今齐王臣憎张仪，仪之所在，必具兵而伐之。故仪愿乞不肖身而之梁，齐必即举兵而伐之。齐、梁之兵连于城下，不能相去，王以其间伐韩，入三川，出兵函谷而无伐，以临周，祭器必出，挟天子，案图籍，此王业也。"王曰："善。"乃具革车三十乘，纳之梁。

齐果举兵伐之。梁王大恐。张仪曰："王勿患，请令罢齐兵。"乃使其舍人冯喜之楚，藉使之齐。齐、楚之事已毕，因谓齐王："王甚憎张仪，虽然，厚矣王之托仪于秦王也。"齐王曰："寡人甚憎张仪，仪之所在，必举兵伐之，何以托仪也？对曰："是乃王之托仪也。仪之出秦，固与秦王约曰：'为王计者，东方有大变，然后王可以多割地。齐王甚憎仪，仪之所在，必举兵伐之。'

故仪愿乞不肖身而之梁，齐必举兵伐梁。梁、齐之兵连于城下不能去，王以其间伐韩，入三川，出兵函谷而无伐，以临周，祭器必出，挟天子，案图籍，是王业也。'秦王以为然，与革车三十乘而纳仪于梁。而果伐之，是王内自罢而伐与国，广邻敌以自临，而信仪于秦王也。此臣之所谓托仪也。"王曰："善。"乃止。

译文

张仪侍奉秦惠王，惠王死，武王即位。武王的左右近臣乘机毁谤张仪，指责他过去不忠于惠王。祸不单行，齐王这时又派使者前来谴责武王，说他不该重用张仪。

张仪听说这些事后，跑来对武王说："臣有一条计策，虽然并不高明，还望大王裁决。"武王问他："有何计策？"张仪说："为国家社稷利害考虑，其最上策莫如山东诸国发生变乱，大王乘势攻城掠地，扩充疆土。如今齐王对臣恨之入骨，无论臣走到哪里，他都会不顾一切发兵攻打。所以臣愿意捐弃不肖之身前往魏国，从而挑动齐王出兵攻魏。当齐、魏兵马在大梁城下打得不可开交之时，大王可乘机侵入韩国三川之地，使秦兵东出函谷畅通无阻，麾兵直逼两周地界，索取天子祭器，然后挟天子，按图籍，君临天下，这可是万世不移的帝王基业啊！"武王称善，于是派出30辆兵车，把张仪送到魏都大梁。

齐王果然发兵攻魏。魏王震恐。这时张仪站出来说："大王不要忧心，臣可令齐国退兵。"于是张仪授计舍人冯喜，把他派往楚国。

冯喜借用楚国使者的名义前往齐国。冯喜到齐，处理完齐、楚之间的事务后借机对齐王说："素来闻说大王恨张仪入骨，可是令臣奇怪的是，大王为何在秦王面前如此抬举张仪呢？"齐王奇怪地问道："寡人非常憎恨张仪，张仪在哪里，寡人必定攻打哪里，令其无处藏身，先生何故说寡人抬举张仪？"冯喜说："这正是大王抬举张仪之处。张仪离开秦国之时，曾与武王密谋计议。张仪说：'为大王计，莫如东方战乱大起，秦国便可乘机扩张土地。齐王对臣十分痛恨，无论臣在何处安身，不管山高水远，不管多高的代价，必然引兵来伐。臣愿以身为饵，到魏为臣，使齐王攻魏。当两国兵连祸结之时，大王可乘势攻韩，取三川，出函谷，直逼两周，收取天子祭器，而后挟天子，按图籍，以图王业。'秦王觉得很是不错，就依计而行，用30辆兵车，送张仪到魏。大王果然中了张仪的诡计，为一个张仪而引兵伐魏，此举对内使民众疲弊，对外交恶盟国、广树仇敌于邻邦，使自己陷于不利境地，而且更重要的是使张仪更得到秦王的宠信。这就是臣所说的'抬举张仪。'"齐王醒悟，赶忙停止进攻魏国。

智慧解读

张仪不仅谋略深厚而且反应敏捷，对待祸患很快想出了应变对策。张仪为国家利益四处穿梭、施展计谋、活动能量特别巨大，因此树敌很多，国内外几成众矢之的。张仪也深知自己是个是非之身、纷争之源，所以他从自己的特点出发，作为诱发祸端的诱饵，然后让自己的国家乘乱取利，当秦王取得利益之后，必然会对张仪改变看法，自己也就可以脱离祸患、走出阴影了。张仪的计谋不能不让我们叹服。

张仪为秦连横齐王

原文

张仪为秦连横齐王曰："天下强国无过齐者，大臣父兄殷众富乐，无过齐者。然而为大王计者，皆为一时说而不顾万世之利。从人说大王者，必谓齐西有强赵，南有韩、魏，负海之国也，地广人众，兵强士勇，虽有百秦，将无奈我何！大王览其说，而不察其实。

"夫从人朋党比周，莫不以从为可。臣闻之，齐与鲁三战而鲁三胜，国以危，亡随其后，虽有胜名而有亡之实，是何故也？齐大而鲁小。今赵之与秦也，犹齐之与鲁也。秦、赵战于河漳之上，再战而再胜秦；战于番吾之下，再战而再胜秦。四战之后，赵亡卒数十万，邯郸仅存。虽有胜秦之名，而国破矣！是何故也？秦强而赵弱也。今秦、楚嫁子取妇，为昆弟之国；韩献宜阳，魏效河外，赵入朝黾池，割河间以事秦。大王不事秦，秦驱韩、魏攻齐之南地，悉赵兵涉河关，指博专关，临淄、即墨非王之有也。国一日被攻，虽欲事秦，不可得也。是故愿大王孰计之。"

齐王曰："齐僻邻隐居，托于东海之上，未尝闻社稷之长利。今大客幸而教之，请奉社稷以事秦。"献鱼盐之地三百于秦也。

译文

张仪为秦国的连横政策而去游说齐宣王说："天下的强国没有超过齐国的，朝野上下的大臣及家族都富足安乐，这一点也没有哪个国家能比得上齐国。可惜为大王谋划的人，都空谈一时的安定，并不能谋划出万世长治久安的政策。那些主张合纵的人，必然向大王这样游说：齐国四面有强国，南面有韩、魏，东面濒临大海，土地广阔，人民众多，兵强马壮，即使有 100 个秦国，也对齐国无可奈何。大王只接受了他们的游说，却没有考虑到这些话是否实在？

"主张合纵的人都互相结党，认为合纵政策很好。据臣所知：齐鲁交战三次，鲁国三战三胜，可是鲁国却因胜而衰，最后竟因此而亡国。徒有战胜的虚名，实际上却陷于危亡的命运，这是什么道理呢？因为齐国大而鲁国小。现在赵国跟秦国相比，就如同齐国跟鲁国。秦、赵两次战于漳水之上，又两次在番吾山交战，都是赵国打败了秦军。但四次战争以后，赵国损失几十万大军，仅仅剩下一个首都邯郸。虽然有战胜秦国的虚名，可是赵国却因此而衰弱，这是什么缘故呢？还是秦国强大而赵国弱小啊。如今秦、楚互通婚姻，两国结为兄弟之邦；韩国献宜阳给秦国，魏国献河外给秦国，而赵国更到秦邑渑池给秦国朝贡，并且割让河间地方给秦，纷纷成为秦的附庸国。假如大王不臣事秦国，秦国就会驱使韩、魏攻打齐国南部，然后还将全部征调赵国之兵渡过河关，长驱直入向博关进攻，这样即使再想臣事秦国已来不及了，因此希望大王慎重考虑！"

齐宣王说："齐国地方偏僻鄙陋，而且东临大海，还没考虑过社稷的长远计划。所幸现在有贵客前来指教，寡人愿意以国家社稷事奉秦国。"于是齐国献给秦国出产鱼盐的土地 300 里。

智慧解读

国与国之间的竞争完全是实力的较量，并不取决于一两次战争的输赢。张仪向齐王说明了这个道理。不仅如此，张仪又列举其他国家附庸、臣事秦国的例子，让其从众效尤。从实力的差距和从众心理出发，张仪终于说服齐国。

在张仪看来，齐国被苏秦说服进行合纵也不是定局，任何事情都不是铁板一块，都有缝隙可钻。经过他的谋划和游说，齐国反而听从了连横的主张。事在人为，我们在说服他人时不应该强调客观的障碍、受众一方的定见，只要抓住受众内在弱点和裂隙，就可以找到突破口、改变他的思想和观点。

<h1 style="text-align:center">秦假道韩魏以攻齐</h1>

原文

秦假道韩、魏以攻齐，齐威王使章子将而应之。与秦交和而舍，使者数相往来，章子为变其徽章，以杂秦军。候者言章子以齐兵入秦，威王不应。顷之间，候者复言章子以齐兵降秦，威王不应。而此者三。有司请曰："言章子之败者，异人而同辞。王何不发将而击之？"王曰："此不叛寡人明矣，曷为击之！"

顷间，言齐兵大胜，秦军大败，于是秦王拜西藩之臣而谢于齐。左右曰："何以知之？"曰："章子之母启得罪其父，其父杀之而埋马栈之下。吾使者章子将也，勉之曰：'夫子之强，全兵而还，必更葬将军之母。'对曰："臣非不能更葬先母也。臣之母启得罪臣之父。臣之父未教而死。夫不得父之教而更葬母，是欺死父也。故不敢。'夫为人子而不欺死父，岂为人臣欺生君哉？"

译文

秦军要通过韩、魏去攻打齐国，齐威王派章子为将应战。章子与秦军对阵，军使来往频繁，章子把军旗换成秦军的样子，然后派部分将士混入秦军。这时齐的探兵回来说章子率齐降秦，齐威王听了之后没什么反应。不一会儿，又一个探兵来报告，说章子已经率齐军降秦，齐威王听了之后没什么反应。不一会儿，又一个探兵又来报告，说章子已经率齐军降秦，可是威王仍然没有什么反应。如此经过几次报告，一个朝臣就请求威王说："都说章子打了败仗，报告的人虽然不同，可是内容却相同。君王为何不遣将发兵攻打？"齐威王回答说："章子绝对不会背叛寡人，为什么要派兵去攻打他呢？"

就在这个期间传来捷报，齐军大获全胜，秦军大败溃退，秦惠王只好自称西藩之臣，而派特使向齐国谢罪请和，这时齐威王的左右侍臣就说："大王怎么知道章子绝对不降秦呢？"齐威王回答说："章子的母亲启，由于得罪他的父亲，就被他的父亲杀死埋在马棚下，当寡人任命章子为将军时，寡人曾勉励他说：'先生的能力很强，过几天率领全部军队回来时，一定要改葬将军的母亲。'当时章子说：'臣并非不能改葬先母，只因臣的先母得罪先父，而臣父不允许臣改葬。假如臣得不到父亲的允许而改葬母亲，岂不是等于背弃亡父的在天之灵。所以臣才不敢为亡母改葬。'由此可见，作为人子竟不敢欺负死去的父亲，难道他作人臣还能欺辱活着的君王吗！"

智慧解读

"一滴水可以知大海"，是因为海水的构成大体上是同一的，由一部分就可知全部的构成。一个人的品行也有其规律和惯性，通过观察他处理的一件事，基本上就可知道他的为人和操守，尤其是那些同一性质的事情，通过掌握一件事，就可以举一反三、触类旁通。古往今来，有所作为的人都十分看中识人、鉴人之法，其实对一个人的大体判断并不困难，"听其言，观其行"，看他怎么从头到尾处理一件事，就可以基本上给他的办事能力、道德操守下个定义。

可贵的是齐威王真是一个明君，对章子可谓有"知遇之恩"。齐威王不仅很会识人、鉴人，而且极其坚信自己的判断，在"三人成虎""谎言说一万遍就是真理"的语言世界里没有丧失意志力和判断力，没有被谣言所迷惑，齐威王的过人之举，除了归功于齐威王对章子有个基本的判断外，也归功于齐威王对语言的危险魔力有着清醒的认识。

田忌亡齐而楚

原文

田忌亡齐而之楚，邹忌代之相齐。恐田忌欲以楚权复于齐，杜赫曰："臣请为君留楚。"谓楚王曰："邹忌所以不善楚者，恐田忌之以楚权复于齐也。王不如封田忌于江南，以示田忌之不返齐也，邹忌以齐厚事楚。田忌亡人也，而得封，必德王。若复于齐，必以齐事楚。此用二忌之道也。"楚果封之于江南。

译文

由于邹忌的诬陷，田忌逃出齐国，避祸于楚。邹忌在齐国取得了更大的权柄，却每日忧心不已，深怕哪一天田忌借助楚国的势力重回齐国掌权。杜赫对他说："我可以为您设法让田忌留在楚国"。杜赫于是对楚宣王说："齐相邹忌之所以不愿意与楚交好，只是因为担心亡臣田忌借重楚国重返于齐。大王何不封田忌于江南，以此向邹忌表明田忌不再返齐国。邹忌感激大王，一定会让齐国很好地对待楚国。再者，田忌是个逃亡的人，能得到封地，已是意外之喜，定然对大王感激涕零。他日假如能回到齐国，同样也会尽力促进两国交好。这是充分利用邹忌、田忌的两全之策啊。"楚王果然把田忌封在江南。

智慧解读

同样一件事，有些人很轻松地就可以打开局面，而有些人始终愁眉不展。事在人为，人的高低取决于他的头脑。看似很困难的事，只要善于谋划、善于说服他人，达成目的也是很容易的。

杜赫抓住了楚王期望与齐国交好的心理，一切从此出发，来诱导楚王按自己的计划行事。杜赫的高明之处还在于指出了自己策略是个两全之策，既能满足当前的利益，又能利于今后的利益，如此为他着想的上上之谋，楚王岂有不采纳之理？

靖郭君善齐貌辨

原文

靖郭君善齐貌辨。齐貌辨之为人也多疵，门人弗说。士尉以证靖郭君，靖郭君不听，士尉辞而去。孟尝君又窃以谏，靖郭君大怒曰："刬而类，破吾家。苟而慊齐貌辨者，吾无辞为之。"于是舍之上舍，令长子御，旦暮进食。

数年，威王薨，宣王立。靖郭君之交，大不善于宣王，辞而之薛，与齐貌辨俱留。无几时，齐貌辨辞而行，请见宣王。靖郭君曰："王之不说婴甚，公往，必得死焉。"齐貌辨曰："固不求生也，请必行。"靖郭君不能止。

齐貌辨行至齐，宣王闻之，藏怒以待之。齐貌辨见宣王，王曰："子，靖郭君之所听爱夫！"齐貌辨曰："爱则有之，听则无有。王之方为太子之时，辨谓靖郭君曰：'太子相不仁，过颐豕视，若是者倍反。不若废太子,更立卫姬婴儿郊师。'靖郭君泣而曰:'不可,吾不忍也。'若听辨而为之,必无今日之患也。此为一。至于薛,昭阳请以数倍之地易薛,辨又曰:'必听之。'靖郭君曰:'受薛于先王,虽恶于后王,吾独谓先王何乎!且先王之庙在薛,吾岂可以先王之庙与楚乎',又不肯听辨。此为二。"宣王太息,动于颜色,曰:"靖郭君之于寡人一至此乎!寡人少,殊不知此。客肯为寡人来靖郭君乎?"齐貌辨对曰:"敬诺。"

靖郭君来衣威王之衣,冠舞其剑,宣王自迎靖郭君于郊,望之而泣。靖郭君至,因请相之。靖郭君辞,不得已而受。七日,谢病强辞。靖郭君辞不得,三日而听。

当是时,靖郭君可谓能自知人矣!能自知人,故人非之不为沮。此齐貌辨之所以外生乐患趣难者也。

译文

靖郭君对待门客齐貌辨非常友好。可是齐貌辨为人不拘小节,因此门客们都讨厌他。有个叫士尉的人曾为此劝说靖郭君赶走齐貌辨,靖郭君没有接受,士尉拂袖而去。这时孟尝君田文也在暗中劝说驱逐齐貌君,不料田婴却大发脾气说:"即使将来有人铲除我们这个家族,捣毁我们这片家业,只要能对齐貌辩有好处,我也在所不惜!"于是田婴就给齐貌辩上等的客舍住,并且派长子去赶车,朝夕侍候不懈。

几年以后,齐威王驾崩,由田婴的异母兄宣王即位。田婴跟宣王合不来,于是就离开首都到自己的封土薛地来住,齐貌辩也跟他一同到了薛城。没多久,齐貌辩决定辞别田婴回齐国去晋见宣王,这时田婴就说:"君王既然很讨厌我田婴,那你此去岂不是找死!"齐貌辩说:"臣根本就不想活,所以臣一定要去。"田婴也无法阻止,于是齐貌辩就去见宣王。

齐貌辩到了齐国首都临淄,宣王很早就知道他来,他满心怒气地等着齐貌辩。齐貌辩拜见宣王后，宣王首先问他说："你是靖郭君手下的宠臣，靖郭君是不是一切都听你的呢？齐貌辩回答说："臣是靖郭君的宠臣并不错，但要说靖郭君什么都听臣的那倒未必。例如当君王还是当太子时，臣曾对靖郭君说：'太子长一副不仁相貌，下巴太大，看起来好像一只猪。让这种人当国王，施政必然违背正道，所以不如把太子废掉，改立卫姬之子效师为太子。'可是靖郭君竟然哭着对臣说：'不可以这样做，因为我不忍这样做。'假如靖郭君是一切都听臣的话，那么靖郭君也不会遭受今天这样的迫害，此其一。当靖君到了薛城，楚相昭阳要用几倍的土地来换薛地，我又向靖郭君说：'一定要接受这个请求。'靖郭君说：'从先王那里接受薛地，现在即使与后王关系不好，如果把薛地交换出去，将来死后我向先王如何交待呢？况且先王的宗庙就在薛地，我难道能把先王的宗庙交给楚国吗！'又不肯听从我的。这是第二件事。"齐宣王听了不禁长声叹息，脸上颜色变了，说："靖郭君对寡人的感情竟然深到这种程度啊！我太年轻了，很不了解这些事情。您愿意替我把靖郭君请回来吗？"齐貌辨回答说："好吧。"

靖郭君穿戴上齐威王赐给的衣服帽子，佩带赐给的宝剑，齐宣王亲自到郊外迎接靖郭君，望着他哭泣。靖郭君到了朝廷，齐宣王就请他做国相。靖郭君表示辞谢，不得已才接受了。7天以后，又以有病为名坚决要求辞职，3天以后齐宣王才答应了他的要求。

此时此刻，应该明白靖郭君有知人之明啊！自己能够了解别人，所以即使有人非议那个人，他也不怀疑自己的判断力。这也就是齐貌辨之所以置生死于度外、乐于解忧患、急于救人危难的原因。

智慧解读

齐貌辨果然不负靖郭君的器重和信任，以卓越的口才与谋略使自己的主人挽回了一切。齐貌辨对齐王先是沉默，这样可以先揣摩齐王的心理，静侯齐王开口以找到机会。当齐王开口就说到靖郭君是否对齐貌辨言听计从时，齐貌辨终于找到机会，把自己一番丑化，从而衬托出了靖郭君的忠心和伟大来。这实际上是游说中的苦肉计，通过污损自己来换取信任，来达到目的。

让一个人甘心为自己赴汤蹈火、肝脑涂地是很不容易的，这既需要物质上的接济帮助，更需要心灵上的肝胆相照、心心相印。"女为悦己者容，士为知己者死"。当你成为一个人的知己时，那么他才有可能为你作出牺牲和付出。光有一番雄才大略，而没有几个知己，是绝不能成大事的。

四国为一

原文

四国为一，将以攻秦。秦王召群臣宾客六十人而问焉，曰："四国为一，将以图秦，寡人屈于内，而百姓靡于外，为之奈何？"群臣莫对。姚贾对曰："贾愿出使四国，必绝其谋，而安其兵。"乃资车百乘，金千斤，衣以其衣，冠带以其剑。姚贾辞行，绝其谋，止其兵，与之为交以报秦。秦王大悦。贾封千户，以为上卿。

韩非知之，曰："贾以珍珠重宝，南使荆、吴，北使燕、出问三年，四国之交未必合也，而珍珠重宝尽于内。是贾以王之权，国之宝，外自交于诸侯，愿王察之。且梁监门子，尝盗于梁，臣于赵而逐。取世监门子，梁之大盗，赵之逐臣，与同知社稷之计，非所以厉群臣也。"

王召姚贾而问曰："吾闻子以寡人财交于诸侯，有诸？"对曰："有。"王曰："有何面目复见寡人？"对曰："曾参孝其亲，天下愿以为子；子胥忠于君，天下愿以为臣；贞女工巧，天下愿以为妃；今贾忠王而王不知也。贾不归四国，尚焉之？使贾不忠于君，四国之王尚焉用贾之身？桀听谗而诛其良将，纣闻谗而杀其忠臣，至身死国亡。今王听谗则无忠臣矣。"

王曰："子监门子，梁之大盗，赵之逐臣。"姚贾曰："太公望，齐之逐夫，朝歌之废屠，子良之逐臣，棘津之雠不庸，文王用之而王。管仲，其鄙人之贾人也，南阳之弊幽，鲁之免囚，桓公用之而伯。百里奚，虞之乞人，传卖以立革之皮，穆公相之而朝西戎。文公用中山盗，而胜于城濮。此四士者，皆有诟丑，大诽于天下，明主用之，知其可与立功。使若卞随、务光、申屠狄，人主岂得其用哉！故明主不取其污，不听其非，察其为己用。故可以存社稷者，虽有外诽者不听；虽有高世之名，而无咫尺之功者不赏。是以群臣莫敢以虚愿望于上。"

秦王曰："然。"乃可复使姚贾而诛韩非。

译文

燕、赵、吴、楚四国结成联盟，准备攻打秦国，秦王召集大臣和宾客共六十多人商议对策。秦王问道："当下四国联合攻秦，而我国正当财力衰竭、战事失利之时，应该如何对敌？"大臣们不知怎样回答。这时姚贾站出来自告奋勇说："臣愿意为大王出使四国，一定破坏他们的阴谋，阻止战事的发生。"秦王很赞赏他的胆识和勇敢，便拨给他战车百辆，黄金千斤，并让他穿戴起自己的衣冠，佩上自己的宝剑。于是姚贾辞别秦王，遍访四国。姚贾此行，不但达到了制止四国攻秦的战略，而且还与四国建立了友好的外交关系。秦王十分高兴，马上封给他1000户城邑，并任命他为上卿。

秦臣韩非指责姚贾说："姚贾拿着珍珠重宝，出使荆、吴、燕、代等地，长达三年，这些地方的国家未必真心实意和秦国结盟，而本国国库中的珍宝却已散尽。这实际上是姚贾借大王的权势，用秦国的珍宝，私自结交诸侯，希望大王明察。更何况姚贾不过是魏都大梁一个守门人的儿子，曾在魏国做过盗贼，虽然在赵国做过官，后来却被驱逐出境，这样一个看门人的儿子、魏国的盗贼、赵国的逐臣，让他参与国家大事，不是勉励群臣的办法！"

于是秦王召来姚贾问道："寡人听说你用秦国的珍宝结交诸侯，可有此事？"姚贾坦承无讳："有。"秦王变了脸色说道："那么你还有什么面目再与寡人相见？"姚贾回答说："昔日曾参孝顺父母，天下人都希望有这样的儿子；伍胥尽忠报主，天下诸侯都愿以之为臣；贞女擅长女工，天下男人都愿以之为妻。而臣效忠于大王，大王却不知道，臣不把财宝送给那四个国家，还能让他们归服谁呢？大王再想，假如臣不忠于王，四国之君凭什么信任臣呢？夏桀听信谗言杀了良将关龙逢，纣王听信谗言杀了忠臣比干，以至于身死国亡。如今大王听信谗言，就不会再有忠臣为国出力了。"

秦王又说道："寡人听说你是看门人之子、魏之盗贼、赵之逐臣。"姚贾仍是不卑不亢："姜太公是一个被老婆赶出家门的齐人，在朝歌时连肉都卖不出去的无用的屠户，也是被子良驱逐的家臣，他在棘津时卖劳力都无人雇用。但文王慧眼独具，以之为辅佐，最终建立王业。管仲不过是齐国边邑的商贩，在南阳穷困潦倒，在鲁国时曾被囚禁，齐桓公任用他就建立了霸业。百里奚当初不过是虞国一个乞丐，身价只有五张羊皮，可是秦穆公任用他为相后竟能无敌于西戎，还有，过去晋文公倚仗中山国的盗贼，却能在城濮之战中获胜。这些人，出身无不卑贱，身负恶名，甚至为人所不齿，而明主加以重用，是因为知道他们能为国家建立不朽的功勋。假如人人都像卞随、务光、申屠狄（古代隐士）那样，又有谁能为国效命呢？所以英明的君主不会计较臣子的过失，不听信别人的谗言，只考察他们能否为己所用。所以能够安邦定国的明君，不听信外面的毁谤，不封赏空有清高之名、没有尺寸之功的人。这样一来，所有为臣的不就不敢用虚名希求于国君了。"

秦王叹服："爱卿说得在理。"于是仍让姚贾出使列国而责罚了韩非。

智慧解读

在中国这样一个很重视伦理道德的社会，诽谤他人最常用最狠毒的办法就是从道德上攻击他人，当过小偷、骗过女学生、出身卑贱等等，这些东西又都是过去的历史、查无实据，所以可以信口开河、极尽诬陷之能事，而且对人们的看法判断影响极大，对当事者的自尊极具威胁性。像中国历史上所有的奸臣一样，韩非用一些无关国事的个人道德问题来污蔑姚贾，事情虽小，却能轻易地改变秦王对姚贾的信任和看法。

姚贾没有被权臣的诬陷吓倒、他也深知需要自己来表白来辩解，不然的话误解会更加严重。他首先说明了自己用珍宝结交诸侯，完全是为了秦国和秦王的利益，根本不是什么"私交"。接着列举姜太公、管仲、百里奚、晋文公的例子，说明是人才就不怕出身低。更进一步，他指出能为国出力作贡献者，并不需要虚名和清名，作为在上者，一定要有讲究实效、纳污含垢的作风和胸襟。

其实姚贾所指出的不重清名而重功利的作风正是战国时代的优点所在，那时儒家还没有列为正统，后代那种道德至上的虚骄之气还没有充斥官场，务实精神而非泛道德化为国家增添了活力、为战国时代成为中华文明的颠峰时期起到了关键的作用。

文信侯出走

原文

文信侯出走，与司空马之赵，赵以为守相。秦下甲而攻赵。司空马说赵王曰："文信侯相秦，臣事之，为尚书，习秦事，今大王使守小官，习赵事。请为大王设秦、赵之战而亲观其孰胜。赵孰与秦大？"曰："不如。""民孰与之众？"曰："不如。""金钱粟孰与之富？"曰："弗如。""国孰与之治？"曰："不如。""相孰与之贤？"曰："不如。""将孰与之武？"曰："不如。""律令孰与之明？"曰："不如。"司空马曰："然则大王之国，百举而无及秦者，大王之国亡。"赵王曰："卿不远赵，而悉教以国事，愿于因计。"

司空马曰："大王裂赵之半以赂秦，秦不接刃而得赵之半，秦必悦。内恶赵之守，外恐诸侯之救，秦必受之。秦受地而却兵，赵守半国以自存。秦衔赂以自强，山东必恐；亡赵自危，诸侯必惧。惧而相救，则从事可成。臣请大王约从。从事成，则是大王名亡赵之半，实得山东以敌秦，秦不足亡。"赵王曰："前日秦下甲攻赵，赵赂以河间十二县，地削兵弱，卒不免秦患。今又割赵之半以强秦，力不能自存，因以亡矣。愿卿之更计。"司空马曰："臣少为秦刀笔，以官长而守小官，未尝为兵首，请为大王悉赵兵以遇。"赵王不能将。司空马曰："臣效愚计，大王不用，是臣无以事大王，愿自请。"

司空马去赵，渡平原。平原津令郭遗劳而问："秦兵下赵，上客从赵来，赵事何如？"司空马言其为赵王计而弗用，赵必亡。平原令曰："以上客料之，赵何时亡？"司空马曰："赵将武安君，期年而亡；若杀武安君不过半年。赵王之臣有韩仓子，以曲合于赵王，其交甚亲，其为人粉疾贤妒功臣。今国危亡，王必用其言，武安君必死。"

韩仓果恶之，王使人代。武安君至，使韩仓数之，曰："将军战胜，王觞将军。将军为寿于前而捍匕首，当死。"武安君曰："病钩，身大臂短，不能及地，起居不敬，恐获死罪于前，故使工人为木杖以接手。上若不信，请以出示。"出之袖中，以示韩仓，状如杖续，缠之以布。"愿公入明之。"韩仓曰："受命于王，赐死军死，不赦。臣不敢言。"武安君北面再拜赐死，缩剑将自诛，乃曰："人臣不得自杀宫中。"过司空马门，趣甚疾，出门也。右举剑将自诛，臂短，不能及，衔剑征之于柱以自刺。武安君死。五月赵亡。

平原令见诸公，必为言之曰："嗟乎，司空马！"又以为司空马逐于秦，非不知也；去赵非不肖也。赵去司空马而国亡。国亡者，非无贤人，不能用也。

译文

文信侯吕不韦被罢免相国回到封地，他的党羽司空马逃往赵国，赵王让他代理相国。此时，秦国正调动兵马进攻赵国。司空马对赵王说："文信侯担任秦相时，臣是他的下属，做过尚书一类的事情，因此熟悉秦国的情况。如今大王让臣做代理小官，我也要了解赵国的情况，臣愿为大王把两国先作一番比较，看看谁的胜算大。大王您看，赵与秦哪一个国家更强大？"赵王答道："赵国当然没秦国强大。"司空马又问："以人口而言，哪一国更多？"答道："比不上秦国。"又问："粮食钱币能不能与秦相比？"答："不能。""哪一国政令更严明？""还是秦国。"于是司空马说："既然赵国诸事都不如秦国，那么面临的就只有灭亡了。"赵王恳求说："希望先生不要嫌弃赵国，不吝赐教，寡人愿意听从先生的谋划。"

司空马献策说："假如大王赂秦以半数国土，秦国兵不血刃便获此厚利，必大喜过望。秦一来担心赵兵作鱼死网破之争，二来深恐诸侯率兵来救，秦王必定迫不急待收受献地。秦得到土地，欲望得到一时的满足，便会退兵回国暂作休整，赵国虽然仅剩半壁河山，还足以自存。秦国收到贿赂日益骄横，山东诸侯必然十分恐慌；假如赵国灭亡就会危及他们自己，他们一定会惊恐不安，从而出兵救赵。在形势的推动下，合纵阵线顷刻间就能形成。臣请求为大王约合各路诸侯，如此，大王名义上失去了半壁河山，实际上却得到山东各诸侯的援助来共同抗击秦国，秦国也不难被灭亡了。"

赵王说："不久前秦出兵攻赵，寡人为求自保，曾以河间十二县贿赂秦国，国土沦丧，兵力削弱，始终逃不脱秦兵的逼迫。如今先生又建议割让半数国土，只恐秦国因而更加强大，赵国更无力以自保，难免遭受灭亡之祸。希望先生再想个计策。"

司空马说："臣虽然出身于刀笔小吏，累官而积，仍是尚书小官，从来没有率兵打过仗，我请求带领赵国的全军去抗击秦国。"赵王并不愿意让司空马掌握军权。司空马无奈，只好说："臣只有区区愚计，大王不纳，臣也没什么可能奉献给大王了，臣请求离开赵国。"

司空马离开邯郸，经过平原津。平源津令郭遗听说有远客自邯郸而来，便热情地接待他，向他打听战事："听说秦兵正在攻打赵国，客人自邯郸来，请问战况如何？"司空马叙述了一遍为赵王设谋图存而赵王不采纳、赵国灭亡只在朝夕之间的事。郭遗说："那么客人估计赵国能支持多久？"司空马说："赵王若能坚持以武安君李牧为将，可支持一年；如果妄杀武安君，灭亡之期，则不出半年。我听说赵王臣子之中有个叫韩仓的，善于阿谀奉承、曲意迎上，甚得赵王欢心。这个人妒贤嫉能，每每谗害有功之臣。如今赵国正是风雨飘摇之时，赵王非亲勿用，必听韩仓之言，武安君下场可想而知。"

韩仓果然向赵王大进李牧的谗言，赵王使人取代李牧统帅之位，令其速返邯郸。然后派韩仓胡乱找茬数落李牧："将军得胜归来，大王向你敬酒贺功，可将军回敬大王时，双手紧握匕首，其心叵测，其罪当诛！"武安君急忙分辩说："臣胳膊患了曲挛之疾，伸不直，而我的身躯高大，跪拜之时不能双手够地，臣深恐对大王不敬而触犯死罪，便叫木工做了一个假臂，大王若是不信，臣可示之于王。"于是从袖中取出假肢给韩仓看。那假肢状如木橛，缠以布条。

李牧恳求韩仓向赵王加以解释。韩仓却不理睬，冷言道："臣只是受命于王，大王赐将军死，绝不容恕，我不敢为你多言。"无奈，李牧朝北向赵王遥叩感谢往昔知遇之恩，抽出宝剑准备自杀，可转念一想：臣子不能自杀于宫中。于是他快步走出司马门。当他前行走出门之后，李牧右手引剑自杀，可是胳膊太短，宝剑无法刺透，于是以嘴含剑，将剑柄抵在柱子上自刺而死。李牧死后才 5 个月，赵国就灭亡了。

平原令郭遴，每次见到朋友，总为司空马咨嗟叹惜不已。而他又认为，司空马为秦所放逐并非由于愚鲁，离开赵国并非出于无能。赵国走了一个司空马，致使国家灭亡，可见亡国灭族，并不是没有贤才辅佐，只是君主不能用贤罢了。

智慧解读

司空马的确是个政治贤才，他老成谋国、不为清名所羁绊、不为气节所累，他所追求的是一种实实在在的政治效用，他暂时的退让忍辱和委曲求全的谋略，是为了保存实力和维护更大的利益，如果只为某种气节道义宁为玉碎，那么由于自己的实力不够只能导致全局的崩溃。司空马深深懂得政治的较量就是实力的较量，所以他向赵王反复询问赵国与秦国的实力对比，要让赵王感到自己的实力不够，实力不够就不能贸然行事，就不能为清名而牺牲，相反，只有保存实力、徐图长计，只有退缩、忍耐和委曲求全才是正确的抉择。

自清朝道光、咸丰以来，在对外国问题上朝廷中就有主战的清流派和主和的务实派之分。每次都是清流派占上风开战，但最终惨败后就叫务实派来收拾残局。

必要的退却、一时的道德损失，却能为保全自己、最终实现目的打下坚实的基础。

勾践被俘吴国，为达返回故国图谋复仇的政治目的，他不惜牺牲个人人格尊严，为吴主作牵马扫地的苦役，甚至品尝吴主的粪便，结其欢心。虽然手段看起来不近人情常理，有悖世人推重的高洁品行，但此手段中损失了勾践一时的道德尊严，却赢得了政治目的实现。

清高的人当不了政治家，因为前两者太过审美、太过清高、太不能务实。政治上老练的是务实型的政治家，他不看重道义上的清名，他看重的是最终的胜利。

司空马给赵王讲这些道理算是对牛弹琴，赵王内心也接受不了这种屈辱，所以只能让赵国从此在中国历史上消失了。只可怜那被奸臣陷害的一代名将李牧，死得何等的悲壮和冤屈。

文信侯欲攻赵

原文

文信侯欲攻赵，以广河间，使刚成君蔡泽事燕，三年而燕太子质于秦。文信侯因请张唐相燕，欲与燕共伐赵，以广河间之地。张唐辞曰："燕者，必径于赵，赵人得唐者，受百里之地。"文信侯去而不快。少庶子甘罗曰："君侯何不快甚也？"文信侯曰："吾令刚成君蔡泽事燕，三年，而燕太子已入质矣。今吾请张卿相燕，而不肯行。"甘罗曰："臣行之。"文信君叱去曰："我自行之而不肯，汝安能行之也？"甘罗曰："夫项橐生七岁为而为孔子师，今臣生十二岁于兹矣！君其试臣，奚以遽言叱也？"

甘罗见张唐曰："卿之功，孰与武安君？"唐曰："武安君战胜攻取，不知其数；攻城堕邑，不知其数。臣之功不如武安君也。"甘罗曰："卿明知功之不如武安君与？"曰："知之。""应侯之用秦也，孰与文信侯专与？"曰："应侯不如文信侯专。"曰："卿明知为不如文信侯专欤？"曰："知之。"甘罗曰："应侯欲伐赵，武安君难之，去咸阳七里，绞而杀之。今文信侯自请卿相燕，而卿不肯行，臣不知卿所死之处矣？"唐曰："请因孺子而行！"令库具车，厩具马，府具币，行有日矣。甘罗谓文信侯曰："借臣车五乘，请为张唐先报赵。"

　　见赵王，赵王郊迎。谓赵王曰："闻燕太子丹之入秦与？"曰："闻之。"闻张唐之相燕与？"曰："闻之。""燕太子入秦者，燕不欺秦也；张唐相燕者，秦不欺燕也。秦、燕不相欺，则伐赵，危矣！燕秦所以不相欺者，无异故，欲攻赵而广河间也。今王赍臣五城以广河间，请归燕太子，与强赵攻弱燕。"赵王立割五城以广河间，归燕太子。赵攻燕，得上谷三十六县，与秦什一。

译文

　　文信侯吕不韦想攻打赵国以扩张他在河间的封地，他派刚成君蔡泽在燕国做大臣，经过三年努力，燕太子丹入秦为质。文信侯又请秦人张唐到燕国做相国，以联合燕国攻伐赵国、扩大他在河间的封地。张唐推辞说："到燕国去必须取道于赵国，由于过去伐赵结下仇怨，赵国正悬赏百里之地抓我。"文信侯很不高兴地令他退下。少庶子甘罗问："君侯为什么这般不高兴呢？"文信侯说："我让刚成君蔡泽到燕国做了几年工作，使太子丹入朝为质，一切就绪了，现在我亲自请张唐到燕国为相，他竟推辞不去！"甘罗说："我有办法让他去。"文信侯厉声斥道："走开！我亲自出马他尚且无动于衷，你还能有什么办法！"甘罗辩解说："古时项橐七岁时即为孔子师，我今年已十二岁了，君侯为何不让我去试一试，为何不由分说便呵斥于我呢！"

　　于是甘罗拜谒张唐，问他："阁下认为您的功勋比武安君如何？

张唐说："武安君战功赫赫，攻城略地，不可胜数，我张唐不如他。"甘罗问："阁下果真自知功不及武安君吗？"张唐答道："是的"甘罗又问："阁下您看，当年执掌秦政的应侯范雎与今日文信侯相比，哪一个权势更大？"张唐说："应该不如文信侯。"甘罗问："阁下确认这一点吗？"张唐说："是的。"甘罗说："当年应侯想攻打赵国，可武安君阻拦他，结果应侯在离咸阳七里处绞死武安君。现在文信侯亲自请您去燕国任相，阁下却左右不肯，我不知道阁下身死何地啊！"张唐沉吟道："那就麻烦您跟文信侯说我张唐乐意接受这一使命。"于是他让人准备车马盘缠，择日起程。甘罗又去跟文信侯说："请君侯替我备五辆车子，让我先去赵国替张唐打通关节。"

于是甘罗去见赵王，赵王亲自到郊外迎接他。甘罗问道："大王听说太子丹入秦为质的事吗？"赵王说："也听到了风声。"甘罗分析道："太子丹到秦国，燕国就不敢背叛秦；张唐在燕，秦国也不会欺辱燕国。秦、燕相亲，就是为了伐赵，赵国就危险了。秦、燕相好，别无他故，只是为了攻伐赵国，扩张河间地盘而已。为大王计，若能送给我五座城邑去拓展河间之地，就能使秦国遣还太子丹，并且联合赵国一道攻打燕国。"赵王当即割让五座城邑，秦国也打发太子丹归燕。赵国攻打燕国，得上谷三十六县，分给秦国十分之一的土地。

智慧解读

有志不在年高，中国传统社会对青少年的压抑是很严重的，比起宋以后的封建社会中后期，战国时代对晚辈的相当尊重。年轻人有胆识、少有传统的束缚，只要领悟传统的智慧，就可以干出一番大事来。所以作为年轻人，一定要自信，不要被年长者们吓倒，而作为年长者，一定要积极扶持年轻人，重用年轻人。

甘罗悟透了人性的善恶和国家作为主体的利益所在，他用祸患来威胁张唐，终于使他就范。他也用对赵国国家安全将要构成的巨大灾难来震惧赵国，也使赵国屈服。对待人性，要么用肯定的、褒扬的、激励的方式以利益和荣誉使他就范，要么就要靠否定的、威胁的、惩罚的方式以恐惧和灾难使他就范，人性中如果积极成分多，他就容易接受激励的方式，如果人性中否定性的东西太多，那就只能"敬酒不吃吃罚酒"，采取威逼和震惧的方式了。国家间的交往也同此理。

秦王与中期争论

原文

秦王与中期争论，不胜。秦王大怒，中期徐行而去。或为中期说秦王曰："悍人也。中期适遇明君故也，向者遇桀、纣，必杀之矣。"秦王因不罪。

译文

秦昭王与大臣中期争论，结果昭王理屈辞穷，不由勃然大怒，中期却不卑不亢，从容不迫地离开。有人替中期向昭王分辩道："中期可真是个直言无忌的人，幸亏碰到贤明的君主，如果生在夏桀、商纣之世，必无幸免。"秦王一听，怒气顿消，竟然没有怪罪中期。

智慧解读

替中期辩解的大臣实在是一个具有上乘口才的人物。他知道直接向秦王求情，可能会给秦王火上添油，而如果采用迂回曲线式的说话方式，以赞扬的口吻来对秦王说话，秦王肯定喜欢听。这样看似在褒扬秦王是个明君，实际上是在告诫秦王不要做夏桀、商纣，如此一来，任何一个君王都不敢胡来。

我们在说话前一定要对如何说话深思熟虑，如果不择方式的瞎说，或者不考虑受众而采取普通说话方式，那都会事倍功半、收效甚微，还不如不说。

或为六国说秦王

原文

或为六国说秦王曰："土广不足以为安，人众不足以为强。若土广者安，人众者强，则桀、纣之后将存。昔者，赵氏亦尝强矣。曰赵强何若？举左案齐，举右案魏，厌案万乘之国二，由千乘之宋也。筑刚平，卫无东野，刍牧薪采莫敢窥东门。当是时，卫危于累卵，天下之士相从谋曰：'吾将还其委质，而朝于邯郸之君乎！于是天下有称伐邯郸者，莫令朝行。魏伐邯郸，因退为逢泽之遇，乘夏车，称夏王，朝为天子，天下皆从。

齐太公闻之，举兵伐魏，壤地两分，国家大危。梁王身抱质执璧，请为陈侯臣，天下乃释梁。郢威王闻之，寝不寐，食不饱，帅天下百姓，以与申缚遇于泗水之上，而大败申缚。赵人闻之，至枝桑，燕人闻之，至格道。格道不通，平际绝。齐战则不胜，谋则不得，使陈毛释剑，委南听罪，西说赵，北说燕，内喻其百姓，而天下乃齐释。于是夫积薄而为厚，聚少而为多，以同言郢威王于侧纣之间。臣岂以郢威王为政衰谋乱以至于此哉？郢为强，临天下诸侯，故天下乐伐之也！"

译文

　　有个人从六国的利益角度游说秦王说："国土辽阔不足以永保安定，人民众多不足以逞强恃能。如果认定土地广阔可永享太平，人民众多可长盛不衰，那么夏舜、商纣的后代便能世袭为君。过去赵氏盛极一时，东可以震慑齐国，西可以压制魏国，除了这两个万乘大国，还困住宋国。赵人筑起刚平城，使得卫都东门几乎没有郊野，卫人连放牧打柴都不敢迈出东门。其时卫国岌岌可危。这时天下游说之士相与谋划说：'如今赵国大有威服天下的气势，若不及早有所作为，顷刻之间便危及自身，试问我们又怎甘心质子邯郸，向赵氏俯首称臣？'于是有人倡议攻打赵国，诸侯便群起而应。晚上才发出命令，次日清早就行动起来。魏惠王出兵攻破邯郸，在逢泽这个地方主持诸侯会盟，他乘坐五彩车，自称夏王（俨然自诩为中原之主），率领诸侯朝见周天子。迫于威势，诸侯们不敢不从。

　　齐侯听说这回事后，出兵讨伐魏国。魏国丧师失地，濒于危亡。魏惠王不得已，带上重礼向齐侯请罪，表示愿意俯首称臣。诸侯们这才停止对魏国的打击。可是楚威王听到齐侯有开始称霸就寝食难安，便统率各路诸侯与齐将申缚大战于泗水之上，大败齐军。赵人乘势占领枝桑，燕人则出兵攻占了格道，隔绝了齐国平际之途。齐国欲战不能，欲谋不得，只好以陈毛为使，南下请罪于楚王，同时对赵、燕两国好言相求，在国内安抚人民，这样天下诸侯才放弃对齐的穷追猛打。积薄渐厚，积少成多，楚威王渐渐得势，又成为众矢之的。这难道是因为楚威王政治腐败、谋略失误吗？这是因为楚王好勇逞强、妄自尊大啊！"

智慧解读

说客依次说出霸主们的次序：赵王——魏惠王——齐侯——楚威王，总结出各国称霸更替的规律，揭示出凡是称霸者必是一时的、必有人代替的必然性，说明各国逞强出头、野心勃勃就会招致他国的妒羡怨恨、讨伐攻击的事实。

在人类历史和当今国际上，想做全球霸主、世界领袖的国家元首也不少，但他们没有一个得到好下场，原因就在于招惹众怒、群起而攻之。

说客说理清楚、逻辑分明，用归纳、举例法将史实一件一件摆在前面，其中的道理就不言自明。

中国人一向把谦虚、内敛作为做人的第一美德，民间有"万事不要强出头""枪打出头鸟"等谚语，成熟的人一定不是锋芒毕露、处处争强好胜之人。因为强出头容易招人怨恨和攻击，你的生活和工作就到处受掣肘、非难，你不但难以可持续发展，而且还有可能身败名裂。所以在人群中称霸、好为人师、好为领袖的人，他实际上危机丛生、覆亡在即。我们要以平常心对待功名，毕竟一切皆是过眼云烟。"青山依旧在，几度夕阳红"。

秦昭王谓左右

原文

秦昭王谓左右曰："今日韩、魏，孰与始强?"对曰："弗如也。"王曰："今之如耳、魏齐，孰与孟尝、芒卯之贤?"对曰："弗如也。"

王曰："以孟尝、芒卯之贤，帅强韩、魏之兵以伐秦，犹无奈寡人何也！今以无能如耳、魏齐，帅弱韩、魏以攻秦，其无奈寡人何，亦明矣！"左右皆曰："甚然。"

中期推琴对曰："三之料天下过矣。昔者六晋之时，智氏最强，灭破范、中行，帅韩、魏以围赵襄子于晋阳。决晋水以灌晋阳，城不沉者三板耳。智伯出行水，韩康子御，魏桓子骖乘。智伯曰：'始，吾不知水之可亡人之国也，乃今知之。汾水利以灌安邑，绛水利以灌平阳。'魏桓子肘韩康子，康子履魏桓子，蹴其踵。肘足接于车上，而智氏分矣。身死国亡，为天下笑。今秦之强，不能过智伯；韩、魏虽弱，尚贤在晋阳之下也。此乃方其用肘足时也，愿王之勿易也。"

译文

秦昭王问左右近臣："诸位看如今韩、魏两国与昔年相比如何？"左右侍臣答道："昔非今比。"昭王又问："如今的韩臣如耳、魏臣魏齐，论才干能与当年田文、芒卯相比呢？"左右说："不能比。"于是昭王言道："想当初，田文与芒卯率领强大的韩魏联军前来攻打秦国，寡人仍安然不动，视若无物，如今换了无能的如耳、魏齐为统帅，率领疲弱之兵，又能奈我何！"神色之间颇为自负。左右都附和说："大王说得极对！"

这时大臣中期推开面前的琴说："君王对诸侯的事情评估错了。古时晋国六个卿相（韩氏、赵氏、魏氏、范氏、中行氏、智氏）时代，以智氏最强大，智氏灭亡了范、中行氏，并且率领韩、魏联军，把赵襄子围困在晋阳，决开晋水来淹晋阳，仅仅差6尺就把全城淹没。当智伯坐战车出去巡视水势时，由韩康子给他拉马，由魏桓子陪他坐车。这时智伯说：'当初我不知道水可以灭亡人家的国家，现在我才知道。汾水便于淹魏都安邑，而绛水便于淹韩都平阳。于是，魏桓子就拉韩康子的胳膊，韩康子则踩魏桓子，踢踢他的脚跟。他们就在车上手脚碰撞之间决定了颠覆智伯的策略。后来智伯身死国亡，被天下人所耻笑。'现在秦国的强盛还没有超过智伯，韩、魏虽然衰弱，仍然胜过赵襄子被围困在晋阳时。所以现在就是韩、魏碰手撞足的时候，但愿君王不要大意。"

智慧解读

当秦昭王神色出现自负时，大臣中期用智伯的事典告诫一定不要矜夸自满，否则就有不期的祸患。这个事典中智伯由于自负狂妄，竟然当着敌人的面说出攻敌的计划，愚蠢是由他的骄狂造成的。一个人有没有城府，能不能做大，关键看他能不能在成绩面前把持得住。有人腰缠万贯，但永远不露声色，有人稍有收获，就喜形于色，做人的深度和发展的前景判然有别。

曾有一个"影后"之称的明星生活骄奢淫逸，为人骄横跋扈，丝毫不知收敛隐藏，积怨无数，结果被抓住把柄，身陷牢狱、身败名裂。另有一个号称"中国第二富"的人自负狂妄、玩弄政治、口无遮拦，结果惹出众多麻烦，一落千丈，正像有人对他评论的："政治是你玩的吗?"。做人不易、做官凶险、做富豪更加危险，"高处不胜寒"，是因为高处的人极易自满大意，极易轻视对手轻视危机，而且极易招致他人的怨尤妒羡，如果不时时刻刻有那种如临深渊、如履薄冰的戒惧谨慎心态，那么从高处跌下来结局就会更惨。

青·少·年·中·华·文·明·解·读·小·书·库

解读

战国策

上

丁宥允 ◎ 著

中国出版集团

现代出版社

图书在版编目（CIP）数据

解读《战国策》（上）／丁宥允编著. —北京：现代

出版社，2014.1

ISBN 978-7-5143-2150-0

Ⅰ. ①解… Ⅱ. ①丁… Ⅲ. ①中国历史 – 战国时代 – 史籍 – 青年读物 ②中国历史 – 战国时代 – 史籍 – 少年读物 Ⅳ. ①K231.04 – 49

中国版本图书馆 CIP 数据核字（2014）第 008554 号

作　　者	丁宥允	
责任编辑	王敬一	
出版发行	现代出版社	
通讯地址	北京市安定门外安华里 504 号	
邮政编码	100011	
电　　话	010 – 64267325 64245264（传真）	
网　　址	www.1980xd.com	
电子邮箱	xiandai@cnpitc.com.cn	
印　　刷	北京兴湘印务有限公司	
开　　本	710mm×1000mm　1/16	
印　　张	16	
版　　次	2014 年 1 月第 1 版　2018 年 1 月第 2 次印刷	
书　　号	ISBN 978-7-5143-2150-0	
定　　价	56.00 元（上下册）	

目 录

上 篇

上 篇

邹忌进谏

原文

邹忌修八尺有余，身体昳丽。朝服衣冠，窥镜，谓其妻曰："我孰与城北徐公美？"其妻曰："君美甚，徐公何能及公也！"城北徐公，齐国之美丽者也。忌不自信，而复问其妾曰："吾孰与徐公美？"妾曰："徐公何能及君也！"旦日，客从外来，与坐谈，问之客曰："吾与徐公孰美？"客曰："徐公不若君之美也。"

明日，徐公来。孰视之，自以为不如；窥镜而自视，又弗如远甚。暮寝而思之曰："吾妻之美我者，私我也；妾之美我者，畏我也；客之美我者，欲有求于我也。"

于是入朝见威王曰："臣诚知不如徐公美，臣之妻私臣，臣之妾畏臣，臣之客欲有求于臣。皆以美于徐公。今齐地方千里，百二十城，宫妇左右，莫不私王；朝廷之臣，莫不畏王；四境之内，莫不有求于王。由此观之，王之蔽甚矣！"王曰："善。"乃下令：

"群臣吏民，能面刺寡人之过者，受上赏；上书谏寡人者，受中赏；能谤议于市朝，闻寡人之耳者，受下赏。"

令初下，群臣进谏，门庭若市。数月之后，时时而间进。期年之后，虽欲言及，无可进者。燕、赵、韩、魏闻之，皆朝于齐。此所谓战胜于朝廷。

译文

邹忌身高八尺多，神采焕发而容貌俊美。一日早晨，他穿戴打扮，看着镜子，问他的妻子："你看我跟城北的徐公比，哪个更俊美？"他妻子说："您俊美得很，徐公怎么能赶得上您呢？"城北的徐公，是齐国出名的美男子，邹忌不大自信，又去问他的妾："我和徐公哪个更俊美？"妾说："徐公哪里比得上您呢？"第二天，有位客人来家中拜访，邹忌跟他坐着闲谈，他又问："我和徐公哪个更俊美？"客人说："徐公比不上您。"

第二天，徐公来到邹忌家，邹忌细细打量他，自以为不及徐公美，拿起镜子来仔细端详，更觉得远不如人。晚上他躺在床上细细思量，领悟道："我的妻子说我俊美，是因为偏爱我；侍妾说我俊美，是因为畏惧我；客人说我俊美，是因为有求于我啊！"

于是邹忌入朝参见威王，对他说："臣确实晓得比不上徐公俊美，可是臣的妻子偏袒臣，侍妾害怕臣，客人欲有求于臣，异口同声说臣比徐公俊美。如今齐地纵横千里，有一百二十个城邑，宫中妃嫔、左右近臣，没有不偏私于大王的，朝中大臣没有不畏惧大王的，齐国上下没有不求于大王的，可见，大王实在被蒙蔽得厉害！"齐威王称赞："您说得对。"

　　于是发出诏令："凡官民人等，能当面指责寡人过失的，受上赏；能上书劝谏寡人的，受中赏；能在大庭广众之下批评朝政，只要为寡人所闻，受下赏。"诏令刚刚颁布时，大臣们都来进谏，朝堂门庭若市。过了几个月，时不时还有谏言上奏。一年之后，人们即使想进言，也没什么可说的了。

　　燕、赵、韩、魏四国听到这件事，都来齐国朝见。这就是通常所说的"得胜于邻国在于自己国家的内政修明、政治正义"啊！

智慧解读

　　由于语言对事实的歪曲，使我们很难接触到真相。能够扭转这种"报喜不报忧""曲意逢迎"的状况的惟一办法就是广开言路、自由言语和传播。人们出于私利或者畏惧，常常说谎，言不由衷。所以在存在利益关系或者不自由状态下的语言，我们一定要明察斟酌，明辨是非。

　　而如果我们想听到接近事实的真实话语、想使人生、事业和国家能够真正健康发展，就应该广纳众言、多听批评、多接受监督，使语言和传播不受功利左右、不受外力压制。接受言论，就像进入超市购物一样，要有多种的选择，多种的言论，相比较才利于定夺。如此才能够使人生避免走入歧途、使国家避免出现"浮夸风"、避免民怨沸腾，也才能使政治清明、事业昌盛。

冯谖客孟尝君

原文

　　齐人有冯谖者，贫乏不能自存，使人属孟尝君，愿寄食门下。孟尝君曰："客何好？"曰："客无好也。"曰："客何能？"曰："客无能也。"孟尝君笑而受之，曰："诺。"

　　左右以君贱之也，食以草具。居有顷，倚柱弹其剑，歌曰："长铗归来乎！食无鱼。"左右以告。孟尝君曰："食之，比门下客。"居有顷，复弹其铗，歌曰："长铗归来乎！出无车。"左右皆笑之，以告。孟尝君曰："为之驾，比门下之车客。"于是乘其车，揭其剑，过其友，曰："孟尝君客我。"后有顷，复弹其剑铗，歌曰："长铗归来乎！无以为家。"左右皆恶之，以为贪而不知足。孟尝君问："冯公有亲乎？"对曰："有老母。"孟尝君使人给其食用，无使乏。于是冯谖不复歌。

　　后孟尝君出记，问门下诸客："谁习计会，能为文收责于薛者乎？"冯谖署曰："能。"孟尝君怪之，曰："此谁也？"左右曰："乃歌夫'长铗归来'者也。"孟尝君笑曰："客果有能也，吾负之，未尝见也。"请而见之谢曰："文倦于事，愦于忧，而性懧愚，沉于国家之事，开罪于先生。先生不羞，乃有意欲为收责于薛乎？"冯谖曰："愿之。"于是约车治装，载券契而行，辞曰："责毕收，以何市而反？"孟尝君曰："视吾家所寡有者。"驱而之薛，使吏召诸民当偿者，悉来合券。券遍合，起矫命以责赐诸民，因烧其券，民称万岁。

长驱到齐，晨而求见。孟尝君怪其疾也，衣冠而见之，曰："责毕收乎？来何疾也！"曰："收毕矣。""以何市而反？"冯谖曰："君云'视吾家所寡有者，'臣窃计，君宫中积珍宝，狗马实外厩，美人充下陈。君家所寡有者，以义耳！窃以为君市义。"孟尝君曰："市义奈何？"曰："今君有区区之薛，不拊爱子其民，因而贾利之。臣窃矫君命，以责赐诸民，因烧其券，民称万岁。乃臣所以为君市义也"孟尝君不说，曰："诺，先生休矣！"

后期年，齐王谓孟尝君曰："寡人不敢以先王之臣为臣。"孟尝君就国于薛，未至百里，民扶老携幼，迎君道中。孟尝君顾谓冯谖："先生所为文市义者，乃今日见之。"冯谖曰："狡兔有三窟，仅得免其死耳。今君有一窟，未得高枕而卧也。请为君复凿二窟。"孟尝君予车五十乘，金五百斤，西游于梁，谓惠王曰："齐放其大臣孟尝君于诸侯，诸侯先迎之者，富而兵强。"于是，梁王虚上位，以故相为上将军，遣使者，黄金千斤，车百乘，往聘孟尝君。冯谖先驱，诫孟尝君曰："千金，重币也；百乘，显使也。齐其闻之矣。"梁使三反，孟尝君固辞不往也。

齐王闻之，君臣恐惧，遣太傅赍黄金千斤，文车二驷，服剑，封书谢孟尝君曰："寡人不祥，被于宗庙之祟，沉于谄谀之臣，开罪于君，寡人不足为也。愿君顾先王之宗庙，姑反国统万人乎？"冯谖诫孟尝君曰："愿请先王之祭器，立宗庙于薛。"庙成，还报孟尝君曰："三窟已就，君姑高枕为乐矣。"

孟尝君为相数十年，无纤介之祸者，冯谖之计也。

译文

齐国有个名叫冯谖的人，家境贫困，难以养活自己，托人请求孟尝君，愿意寄食门下。孟尝君问："先生有什么爱好吗？"冯谖说："没有。"孟尝君又问："先生有什么特长吗？"他说："也没有。"孟尝君笑了笑，接纳了他："好的。"

孟尝君身边的人因为主人不太在意冯谖，就拿粗茶淡饭给他吃。住了不久，冯谖就背靠柱子，弹剑而歌："长剑呀，咱们回去吧，吃饭没有鱼。"左右把这件事告诉孟尝君。孟尝君吩咐说："给他一般门客待遇，让他吃鱼吧。"住了不久，冯谖又弹着他的剑，唱道："长剑呀，我们还是回去吧，出门没有车坐。"孟尝君说："替他配上车，按照车客的待遇。"于是冯谖驾车带剑，向他们的朋友夸耀："孟尝君尊我为上客。"这样过了一段日子，冯谖复弹其剑，唱道："长剑呀，咱们回去吧，无以养家。"左右的人都厌恶他，认为他贪得无厌。孟尝君问道："冯先生有父母吗？"左右答道："有个老母。"孟尝君资其家用，不使他母亲穷困，而冯谖从此不再唱牢骚歌了。

后来，孟尝君出了一通告示，问门下食客："请问哪一位通晓账务会计，能替我到薛地收债呢？"冯谖署上名字说："我能。"孟尝君看了很诧异，问左右随从："这是谁呀？"人们答道："就是那个唱'长剑呀，我们回去吧'的人。"孟尝君笑道："他果然有才能，我真对不起他，还未曾见过面呢。"于是请他来相见，道歉说："我每日为琐事所烦，心身俱累，被忧愁弄得神昏意乱，而且生来懦弱笨拙，只因政务缠身，而怠慢了先生。好在先生不怪我，先生愿意替我到薛地收债吗?"冯谖说:"愿效微劳。"于是孟尝君替他备好车马行装,让他载着债券契约出发。辞别时,冯谖问:"收完债后,买些什么回来?"孟尝君回答:"先生看着办,买点我家缺少的东西吧。"冯谖赶着马车到薛地,派官吏把该还债的百姓都叫来核对债券,全部核对之后,冯谖站了起来,假托孟尝君的名义将债款赏给这些百姓,并烧掉了那些券契文书,百姓感激得欢呼万岁。

　　冯谖又马不停蹄地返回齐国都城临淄,一大早求见孟尝君,孟尝君很奇怪他回来得这么快,穿好衣服接见他说:"收完债了吗?何以回来得这般快捷?"冯谖答道:"都收完了。""先生替我买了些什么回来?"冯谖说:"殿下曾言'买些家中缺乏的东西',臣暗想,殿下宫中珠宝堆积,犬马满厩,美女成行。殿下家中所缺少的,惟有仁义了,因此臣自作主张为殿下买了仁义回来。"孟尝君说:"你怎么买仁义的?"冯谖答道:"殿下封地只有小小薛地,不但不好好体恤薛地子民,反而像商人一样在他们身上榨取利益。臣为君计,私自假传殿下的命令,将所有的债款都赐给他们,并焚毁债券,百姓莫不呼万岁,这就是臣替殿下买的仁义呀!"孟尝君很不高兴,说:"我知道了,先生退下休息吧。"

　　一年以后,齐王对孟尝君说:"寡人不敢用先王的旧臣为臣。"孟尝君回到封地薛,还差百里未到,当地百姓扶老携幼,在路旁迎接孟尝君。孟尝君回头对冯谖说:"先生为我买的'义',今天方才看到。"冯谖对孟尝君接着进言说:"狡兔三窟,才可得以免死。如今殿下只有一洞穴,尚未能得以高枕无忧,臣愿替殿下再凿两穴。"孟尝君便给他五十辆车,五百斤金去游说魏国。冯谖西入大梁,对惠王说:"齐国放逐了大臣孟尝君,诸侯谁先得到他,谁就能富国强兵。"于是魏王空出相位,让原来的相国做上将军,派出使节，以千斤黄金、百乘马车去聘孟尝君。冯谖先赶回薛地对孟尝君说："千斤黄金是极贵重的聘礼，百乘马车是极隆重的使节，咱们齐国该知道这件事了。"魏国使者接连跑了三趟，可孟尝君坚决推辞不就。

齐王听到这个消息，君臣震恐，连忙派遣太傅带着一千斤黄金，两乘四马花车及宝剑一把，外附书信一封向孟尝君道歉说："都是寡人行为的兆头不吉祥，遭受祖宗降下的神祸，听信谗言，得罪了先生。寡人无德，虽不足以辅佐，但请先生顾念先王宗庙，暂且回国执掌政务。"冯谖劝孟尝君说："希望殿下索取先王的祭器，立宗庙于薛。"宗庙落成，冯谖回报说："三窟已就，殿下可安心享乐了。"

孟尝君为相几十年，没有纤介之微的祸患，倚靠的正是冯谖的谋划啊！

智慧解读

冯谖具有非凡的才智，但他却抱着"姜太公钓鱼，愿者上钩"的心理，从一开始就不断地索要，以检验自己准备辅佐的领导到底是不是一个胸怀宽广、礼贤下士的真正领袖。当他试探后发现孟尝君是一个不势利、非常大度、值得为他出谋划策的领袖时，毅然为孟尝君行了众多好事。我们在辅佐他人前，也要学学冯谖，要试探对方的胸怀和眼光，如果对方斤斤计较、心胸狭窄，那么完全不值得与他合作。

冯谖为孟尝君干的第一件好事就是在常人看来愚蠢之极的"千金买义"。说它愚蠢是因为它放弃了诸多眼前的金钱利益。而正是这一点体现了冯谖的战略性眼光和深刻的洞察力，眼光短浅的常人只能看到眼前的小利，他却以损失眼前的利益换来了长远的更大的利益，常人只能看出多少的实物价值，他却评估出了"仁义"二字的巨大无形资产价值；实际上他是最为精明和最会算计的人中之杰。

"狡兔三窟"，任何人都要在一定时候想好、安置好自己的退路和后路。冯谖为孟尝君造"三窟"的过程非常有谋略。他善于左右造势、哄抬价值，他深知人性的奥妙，凡人都是失去的才觉得珍贵，凡人都拒绝他人直接推销自己，而如果由第三方推荐或者与第三方竞争人才，那么人们会非常珍重人才。冯谖使魏王珍重、竞争孟尝君，引起了齐王的高度重视，失去的才觉得珍贵了，冯谖遂成大计。

卫嗣君时

原文

卫嗣君时，胥靡逃之魏，卫赎之百金，不与。乃请以左氏。群臣谏曰："以百金之地，赎一胥靡，无乃不可乎？"君曰："治无小，乱无大。教化喻于民，三百之城，足以为治；民无廉耻，虽有十左氏，将何以用之？"

译文

卫嗣君执政的时候，有个罪犯胥靡逃到魏国，卫国想用百金把他赎回来审判，魏国不同意。于是卫君想用左氏城邑换回胥靡。大臣们都劝告说："用这样价值不菲的土地，去换回一个小小的罪犯，恐怕不合适吧？"卫君说："治，无所谓小国；乱，无所谓大国。用教化来引导百姓，即使是三百户人家的城邑也能治理好；如果百姓不讲廉耻礼仪，即使有十座左氏城池，那又有什么用呢？"

智慧解读

为政的遵守法治、赏罚有信，那么这个国家的道德状况、社会的社会风气就会凸现秩序和正义。就像商鞅立木行赏，终致秦国法令畅通、改革一日千里。为政者的言行和决策是一个国家秩序和信用的源泉，如果为政者有法不依、有令不行，就是一两件小事，也不仅会使为政者丧失信用，而且会把社会的风气带坏、民众道德水平下滑。

智伯欲伐卫

原文

智伯欲伐卫，遗卫君野马四百，白璧一。卫君大悦。群臣皆贺，南文子有忧色。卫君曰："大国大欢，而子有忧色何？"文子曰："无功之赏，无力之礼，不可不察也。野马四百，白璧一，此小国之礼也，而大国致之。君其图之。"卫君以其言告边境。智伯果起兵而袭卫，至境而反曰："卫有贤人，先知吾谋也。"

智伯欲袭卫，乃佯亡其太子，使奔卫。南文子曰："太子颜为君子也，甚爱而有宠，非有大罪而亡，必有故。"使人迎之于境，曰："车过五乘，慎勿纳也。"智伯闻之乃止。

译文

智伯想攻打卫国，就送给卫君四百匹名为野马的良马和一只白璧。卫君十分高兴，群臣都来庆贺，南文子却面带愁容。卫君说："全国上下一片喜庆，而你却愁眉苦脸，这是为什么呢？"文子说："没有功劳就受到赏赐，没费力气就得到礼物，不可以不慎重对待。四百匹野马和一只白璧，这是小国应该送给大国的礼物，而如今大国却将这种礼物送给我们，您还是慎重考虑为好。"卫君把南文子的这番话告诉边防人员，让他们加以戒备。果然不出南文子所料，智伯出兵偷袭卫国，到了边境又返回去了。智伯失望地说："卫国有能人，预先知道了我的计谋。"

智伯还是想袭击卫国，处心积虑地假装逐出他的太子，让他逃奔卫国。南文子说："太子颜是个好人，智伯又很宠爱他，他没有犯什么大罪却逃亡出来，这其中必有蹊跷。"南文子让人到边境迎接人，并告诫道："如果太子的兵车超过五辆，就要慎重，千万不要让他入境。"智伯听说后，无可奈何，只好打消了偷袭卫国的念头。

智慧解读

智伯送给卫君重礼，是为了麻痹魏国，松懈戒备；再次叫太子到魏国，是为了找寻发动战争的理由，智伯明白，作战之前一定要有准备，要有一个发动战争的名正言顺的响亮名义。南文子高过智伯一筹的是在开战之前就挫败了敌方的战争谋划，赢得了国家的利益和尊严。"伐谋"就可收到不战而胜，不战而屈人之兵的效果。现代战争和商场上的竞争也是如此，在正式开战之时，实际上胜负大局基本上已经定了。

公输般为楚设机

原文

公输般为楚设机，将以攻宋。墨子闻之，百舍重茧，往见公输般，谓之曰："吾自宋闻子。吾欲藉子杀王。"公输般曰："吾义固不杀王。"墨子曰："闻公为云梯，将以攻宋。宋何罪之有？义不杀王而攻国，是不杀少而杀众。敢问攻宋何义也？"公输般服焉，请见之王。

墨子见楚王曰："今有人于此，舍其文轩，邻有弊舆而欲窃之；舍其锦绣，邻有短褐而欲窃之；舍其梁肉，邻有糟糠而欲窃之。此为何若人也？"王曰："必为有窃疾矣。"

墨子曰："荆之地方五千里，宋方五百里，此犹文轩之与弊舆也。荆有云梦，犀兕麋鹿盈之，江、汉鱼鳖鼋鼍，为天下饶，宋所谓无雉兔鲋鱼者也，此犹梁肉之与糟糠也。荆有长松、文梓、楩、枏、豫樟，宋无长木，此犹锦绣之与短褐也。臣以王吏之攻宋，为与此同类也。王曰："善哉！请无攻宋。"

译文

公输般为楚国制造攻城的云梯，预备用来攻打宋国。墨子听到这件事，步行三千里，脚底磨起了厚茧，赶着去见公输般，对他说道："我在宋国就听说了先生的大名。我想借助您的力量去杀一个人。"公输般说："我是讲道义的，决不杀人。"墨子说："听说您在造云梯，用来攻打宋国，宋国有什么罪？你口口声声说讲道义，不杀人，如今攻打宋国，这分明是不杀少数人而杀多数人呀！请问你攻打宋国是什么道义呢？"公输般被说服了，墨子请他为自己引见楚王。

墨子见到楚王，说道："假如这儿有一个人，放着自己华美的彩车不坐，却想去偷邻居家的一辆破车；放着自己锦绣织成的衣服不穿，却想去偷邻居的粗布短衫；放着自己家里的好饭好菜不吃，却去偷邻居的酒糟和糠皮。这是个什么样的人呢？"楚王说："一定是有偷东西的毛病好。"

墨子接着说："楚国土地纵横五千里，而宋国才不过五百里，这就如同用华美的彩车和破车相比。楚国有云梦泽，犀牛和麋鹿充斥其中，长江和汉水的鱼鳖、大鼋和鳄鱼，为天下最多，而宋国却是连野鸡、兔子、鲫鱼都不产的地方，这就如同用精美的饭菜和糟糠相比。楚国有高大的松树，带花纹的梓树，以及楩树、楠木、樟木等名贵树种，而在宋国大树找不到一棵，这就如同用锦绣和粗布短衫相比。因此我认为大王去攻打宋国，与有盗窃癖差不多。"楚王说："说得好！我不去攻打宋国了。"

智慧解读

墨家的吃苦耐劳精神得到后世志士们的仿效。像曾国藩就在孔孟老庄基础上杂用墨家之道，工作非常勤劳和辛苦，起早贪黑、日理万机；鞠躬尽瘁、死而后已。墨家爱好和平，也擅长游说，这次首先通过"杀人"这一诱语，使公输般上钩，然后把杀一人推广到攻杀宋国人，使上钩的公输班不能不觉得理亏。紧接着墨子通过形象的类比、丰富的辞藻、壮美的气势，将楚国攻宋说成是有病的小偷的行为，使楚王自己都觉得违背常理、于是停战归和。

燕太子丹质于秦亡归

原文

燕太子丹质于秦亡归。见秦且灭六国，兵以临易水，恐其祸至，太子丹患之。谓其太傅鞠武曰："燕秦不两立，愿太傅幸而图之。"武对曰："秦地遍天下，威胁韩魏赵氏，则易水以北，未有所定也。奈何以见陵之怨，欲排其逆鳞哉？"太子曰："然则何由？"

太傅曰："请入，图之。"

　　居之有间，樊将军亡秦之燕，太子容之。太傅鞠武谏曰："不可！夫秦王之暴，而积怨于燕，足为寒心，又况闻樊将军之在乎！是以委肉当饿虎之蹊，祸必不振矣！虽有管、晏，不能为谋。愿太子急遣樊将军入匈奴以灭口。请西约三晋，南连齐、楚，北讲于单于，然后乃可图也。"太子丹曰："太傅之计，旷日弥久，心惛然恐不能须臾。且非独于此也。夫樊将军困穷于天下，归身于丹，丹终不迫于强秦，而弃所哀怜之交，置之匈奴，是丹命固卒之时也。愿太傅更虑之。"鞠武曰："燕有田光先生者，其智深，其勇沉，可与之谋也。"太子曰：愿因太傅交于先生，可乎?"鞠武曰："敬诺。"

　　出见田光，道太子曰："愿图国事于先生。"田光曰："敬奉教。"乃造焉。太子跪而逢迎，却行为道，跪地拂席。田先生坐定，左右无人，太子避席而请曰："燕、秦不两立，愿先生留意也。"田光曰："臣闻骐骥盛壮之时，一日而驰千里。至其衰也，驽马先之。今太子闻光壮盛之时，不知吾精已消亡矣。虽然，光不敢以乏国事也。所善荆轲，可使也。"太子曰："愿因先生得交于荆轲，可乎?"田光曰："敬诺。"即起，趋出。太子送之至门，曰："丹所报，先生所言者，国大事也，愿先生勿泄也！"田光俯而笑曰："诺。"

　　偻行见荆轲，曰："光与子相善，燕国莫不知。今太子闻光壮盛之时，不知吾形已不逮也，幸而教之曰：'燕、秦不两立，愿先生留意也。'光窃不自外，言足下于太子，愿足下过太子于宫。"荆轲曰："谨奉教。"田光曰："光闻长者之行，不使人疑之，今太子约光曰：'所言者，国之大事也，愿先生勿泄也。'是太子疑光也。夫为行使人疑之，非节侠士也。"欲自杀以激荆轲，曰："愿足下急过太子，言光已死，明不言也。"遂自刭而死。

轲见太子，言田光已死，明不言也。太子再拜而跪，膝下行流涕，有顷而后言曰："丹所请田先生无言者，欲以成大事之谋，今田先生以死明不泄言，岂丹之心哉?"荆轲坐定，太子避席顿首曰："田先生不知丹不肖，使得至前，愿有所道，此天所以哀燕，不弃其孤也。今秦有贪饕之心，而欲不可足也，非尽天下之地、臣海内之王者，其意不餍！今秦已虏韩王，尽纳其地，又举兵南伐楚，北临赵。王翦将数十万之众，临漳、邺，而李信出太原云中。赵不能支秦，必入臣。入臣，则祸至燕。燕小弱，数困于兵，今计举国不足以当秦。诸侯服秦，莫敢合从。丹之私计，愚以为诚得天下之勇士，使于秦，窥以重利，秦王贪其势，必得所愿矣。诚得劫秦王，使悉反诸侯之侵地，若曹沫之与齐桓公，则大善矣；则不可，因而刺杀之。彼大将擅兵于外，而内有大乱，则君臣相疑。以其间诸侯，诸侯得合从，其破秦必矣。此丹之上愿，而不知所以委命，惟荆卿留意焉。"久之，荆轲曰："此国之大事，臣驽下，恐不足任使。"太子前顿首，固请无让。然后许诺。

于是尊荆轲为上卿，舍上舍，太子日日造问，供太牢异物，间进车骑美女，恣荆轲所欲，以顺适其意。久之，荆轲未有行意。秦将王翦破赵，虏赵王，尽收其地，进兵北略地，至燕南界。太子丹恐惧，乃请荆卿曰："秦兵旦暮渡易水，则虽欲长侍足下，岂可得哉?"荆卿曰："微太子言，臣愿得谒之。今行而无信，则秦未可亲也。夫今樊将军，秦王购之金千斤，邑万家。诚能得樊将军首，与燕督亢之地图献秦王，秦王必说见臣，臣乃得有以报太子。"太子曰："樊将军以穷困来归丹，丹不忍以己之私，而伤长者之意，愿足下更虑之。"

　　荆轲知太子不忍，乃遂私见樊于期曰："秦之遇将军，可谓深矣。父母宗族，皆为戮没。今闻购将军之首，金千斤，邑万家，将奈何？"樊将军仰天太息流涕曰："吾每念，常痛于骨髓，顾计不知所出耳。"轲曰："今有一言，可以解燕国之患，而报将军之仇者，何如？"樊于期乃前曰："为之奈何？"荆轲曰："愿得将军之首以献秦，秦王必喜而善见臣，臣左手把其袖，而右手揕抗其胸，然则将军之仇报，而燕国见陵之耻除矣。将军岂有意乎？"

　　樊于期偏袒扼腕而进曰："此臣日夜切齿拊心也，乃今得闻教。"遂自刎。太子闻之，驰往，伏尸而哭，极哀。既已，无可奈何，乃遂收盛樊于期之首，函封之。于是，太子预求天下之利匕首，得赵人徐夫人之匕首，取之百金，使工以药淬之，以试人，血濡缕，人无不立死者。乃为装遣荆轲。

　　燕国有勇士秦武阳，年十二，杀人，人不敢与忤视。乃令秦武阳为副。荆轲有所待，欲与俱，其人居远未来，而为留待。顷之未发。太子迟之，疑其有改悔，乃复请之曰："日以尽矣，荆卿岂无意哉？丹请先遣秦武阳。"荆轲怒，叱太子曰："今日往而不反者，竖子也！今提一匕首，入不测之强秦，仆所以留者，待吾客与俱。今太子迟之，请辞决矣。"遂发。

　　太子及宾客知其事者，皆白衣冠以送之。至易水上，既祖，取道。高渐离击筑，荆轲和而歌，为变徵之声，士皆垂泪涕泣。又前而为歌曰："风萧萧兮易水寒，壮士一去兮不复还。"复为慷慨羽声，士皆瞋目，发尽上指冠。于是荆轲遂就车而去，终已不顾。

　　既至秦，持千金之资币物，厚遗秦王宠臣中庶子蒙嘉。嘉为先言于秦王曰："燕王诚振畏慕大王之威，不敢兴兵以拒大王，愿举国为内臣，比诸侯之列，给贡职如郡县，而得奉守先王之宗庙。恐惧不敢自陈，谨斩樊于期头，及献燕之督亢之地图，函封，燕王拜送于庭，使使以闻大王。唯大王命之。"

秦王闻之，大喜。乃朝服，设九宾，见燕使者咸阳宫。荆轲奉樊于期头函，而秦武阳奉地图匣，以次进至陛下。秦武阳色变振恐，群臣怪之，荆轲顾笑武阳，前为谢曰："北蛮夷之鄙人，未尝见天子，故振慑，愿大王少假借之，使毕使于前。"

秦王谓轲曰："起，取武阳所持图。"轲既取图奉之，发图，图穷而匕首见。因左手把秦王之袖，而右手持匕首揕抗之。未至身，秦王惊，自引而起，绝袖。拔剑，剑长，掺其室。时怨急，剑坚，故不可立拔。荆轲逐秦王，秦王还柱而走。群臣惊愕，卒起不意，尽失其度。而秦法，群臣侍殿上者，不得持尺兵。诸郎中执兵，皆陈殿下，非有诏，不得上。方急时，不及召下兵，以故荆轲逐秦王，而卒惶急，无以击轲，而乃以手共搏之。是时侍医夏无且，以其所奉药囊提轲。秦王之方还柱走，卒惶急不知所为，左右乃曰："王负剑！王负剑！"遂拔以击荆轲，断其左股。荆轲废，乃引其匕首提秦王，不中，中柱。秦王复击轲，被八创。轲自知事不就，倚柱而笑，箕踞以骂曰："事所以不成者，乃欲以生劫之，必得约契以报太子也。"左右既前斩荆轲，秦王目眩良久。已而论功赏群臣及当坐者，各有差。而赐夏无且黄金二百镒，曰："无且爱我，乃以药囊提轲也。"

于是，秦大怒燕，益发兵诣赵，诏王翦军以伐燕。十月而拔燕蓟城。燕王喜太子丹等，皆率其精兵东保于辽东。秦将李信追击燕王，王急，用代王嘉计，杀太子丹，欲献之秦。秦复进兵攻之。五岁而卒灭燕国，而虏燕王喜，秦兼天下。

其后荆轲客高渐离以击筑见秦皇帝，而以筑击秦皇帝，为燕报仇，不中而死。

译文

在秦国做人质的燕太子丹逃回了燕国。他看到秦国将要吞并六国，如今秦军已逼近易水，惟恐灾祸来临，心里十分忧虑，于是对他的太傅鞠武说："燕秦势不两立，希望太傅帮忙想想办法才好。"鞠武回答说："秦国的势力遍布天下，地盘广大，如果它们再用武力胁迫韩赵魏，那么易水以北的燕国局势还不一定啊。何必因在秦遭受凌辱的怨恨，就去触犯秦国呢？"太子说："那可怎么办好呢？"太傅说："请让我好好考虑考虑。"

过了一些时候，樊将军从秦国逃到燕国，太子收留了他。太傅进谏劝告太子说："不能这样做啊。秦王残暴，又对燕国一直怀恨在心，如此足以让人胆战心惊了，更何况他知道樊将军在这里！这就好比把肉丢在饿虎经过的路上，灾祸难以避免了。我想，即使管仲和晏婴再世，也无力回天。太子您还是赶紧打发樊将军到匈奴去，以防泄露风声。请让我到西边去联合三晋，到南边去联合齐楚，到北边去和匈奴讲和，然后就可以对付秦国了。"太子丹说："太傅的计划旷日持久，我心里昏乱忧虑得要死，恐怕一刻也不能等了。况且问题还不仅仅在这里，樊将军穷途末路，才来投奔我，我怎么能因为秦国的威胁，就抛弃可怜的朋友，把他打发到匈奴去呢，这该是我拼命的时候了，太傅您得另想办法才好。"鞠武说："燕国有一位田光先生，此人深谋远虑勇敢沉着，您不妨跟他商量商量。"太子丹说："希望太傅您代为介绍，好吗？"鞠武说："好吧。"

　　于是鞠武去见田光，说："太子希望和先生一起商议国家大事。"田光说："遵命。"于是就去拜见太子。太子跪着迎接田光，倒退着走为他引路，又跪下来替田光拂拭坐席。等田光坐稳，左右人都退下后，太子就离席，向田光请教道："燕秦势不两立，希望先生能尽量想个办法来解决这件事。"田光说："我听说好马在年轻力壮的时候，一天可以飞奔千里。可到它衰老力竭的时候，连劣马也能跑在它的前面。太子现在听说的是我壮年的情况，却不知道如今我的精力已经衰竭了。虽然这么说，我不敢因此耽误国事。我的好朋友荆轲可以担当这个使命。"太子说："希望能通过先生与荆轲结识，可以吗？"田光说："好的。"说完起身就走了出去。太子把他送到门口，告诫他说："我告诉您的和先生刚才说的，都是国家大事，希望先生不要泄露出去。"田光低头一笑，说："好。"

　　田光弯腰曲背地去见荆轲，对他说："我和您交情很深，燕国没有人不知道。现在太子只听说我壮年时的情况，却不知道我的身体已大不如当年了。有幸得到他的教导说：'燕秦势不两立，希望先生尽力想想办法。'我从来就没把您当外人，于是把你举荐给太子，希望您能到太子的住处走一趟。"荆轲说："遵命。"田光又说："我听说，忠厚老实之人的所作所为，不使人产生怀疑，如今太子却告诫我说：'我们所讲的，都是国家大事，希望先生不要泄露出去。'这是太子他怀疑我啊。为人做事让人怀疑，就不是有气节的侠客。"田光这番话的意思是想用自杀来激励荆轲，接着又说道："希望您马上去拜见太子，说我已经死了，以此表明我没有把国家大事泄漏出去。"说完就自刎而死。

　　荆轲见到太子，告诉他田光已经死了，转达了田光的临终之言。太子拜了两拜，双腿跪行，泪流满面，过了好一会儿才说道：

"我之所以告诫田光先生不要泄密，是想实现重大的计划罢了。现在田先生用死来表明他没有泄密，这哪里是我的本意呢?"荆轲坐定后，太子离席，给荆轲叩头，说："田先生不知我是个无能的人，让您来到我面前，愿您有所指教。这真是上天可怜燕国，不抛弃他的后代。如今秦国贪得无厌，野心十足，如果不把天下的土地全部占为己有，不使各诸侯全部成为自己的臣下，它是不会满足的。现在秦国已经俘虏韩王，占领了韩地，又发兵向南攻打楚国，向北进逼赵国。王翦的大军已逼近漳水、邺城，而李信又出兵太原、云中。赵国哪里能抵抗秦国的攻势，一定会投降。赵国向秦称臣，大祸就落到燕国头上了，燕国国小力弱，多次遭受兵祸，现在就算征发全国力量也不可能抵挡住秦军。诸侯都屈服于秦国，没有谁敢和燕国联合。我私下考虑能得到天下最勇敢的人出使秦国，用重利引诱秦王，秦王贪图这些厚礼，我们就一定能如愿以偿了。如果能劫持秦王，让他归还侵占的全部诸侯土地，就像当年曹沫劫持齐桓公那样，那就更好了；如果秦王不答应，那就杀死他。秦国的大将在国外征战，而国内又大乱起来，那么君臣必定会相互猜疑。趁这个机会诸侯就可以联合起来，势必击破秦国。这是我最高的愿望。但不知道把这个使命托付给谁，希望先生您给想个办法。"过了一会儿，荆轲才说："这是国家大事，我才能低下，恐怕不能胜任。"太子上前叩头，坚决请求荆轲不要推辞。荆轲这才答应下来。

于是，太子尊荆轲为上卿，让他住在上等的宾馆，太子每天前去问候。供给他丰盛的宴席，备办奇珍异宝，不断地进献车马和美女，尽量满足荆轲的欲望，以便让他称心如意。过了很久，荆轲还没有动身的意思。这时，秦将王翦攻破赵国，俘虏赵王，占领了赵地。又挥军北进，掠夺土地，一直打到燕国南部边境。太子丹非常恐惧，就向荆轲请求说："秦国军队早晚要渡过易水，我虽然愿意长久地侍奉您，又哪里可能呢？"荆轲说："即使太子不说，我也想向您请求行动了。现在去了如果没有信物，那就无法接近秦王。现在秦王正用千两黄金和万户封邑来悬赏缉拿樊将军。如果能得到樊将军的首级和燕国督亢的地图献给秦王，秦王一定乐于接见我，这样我才能有报效太子的机会。"太子丹说："樊将军因为走投无路来投奔我，我又怎么忍心为了自己的私事而伤害忠厚老实的人的心，还望您另想个办法。"

荆轲知道太子不忍心，于是就私下里去见樊于期说："秦王对您可以说太狠毒了，父母和同家族的人都被杀害了。现在又听说秦王悬赏千两黄金和万户封邑来求您的头颅，您打算怎么办呢？"樊将军仰天长叹，泪流满面地说："我每次想到这些，就恨入骨髓，考虑再三，只是不知道如何才能报仇罢了。"荆轲说："我现在有一个建议，不但可以解除燕国的祸患，而且可以为您报仇，您看怎么样？"樊于期走上前说："您究竟想怎么办？但说无妨。"荆轲说："希望能得到将军的首级，进献秦王，秦王必定很高兴，就会接见我。到那时，我左手抓住他的衣袖，右手用匕首刺进他的胸膛。这样，您的大仇可报，燕国遭受的耻辱也可以洗刷了。将军可有这番心意吗？"

樊于期袒露出一条臂膀，握住手腕，走近一步说："这是我日夜咬牙切齿、痛彻心胸的事情，居然在今天能听到您的指引。"说完就自杀了。太子听说后，赶紧驾车奔去，趴在樊于期的尸体上痛哭起来，极其悲伤。事情既然无可挽回，于是就只好收敛樊于期的头颅，用匣子封存起来。这时候，太子已经预先寻到天下最锋利的匕首，那是从徐夫人手里用一百金才买到的匕首。太子让工匠用毒药水淬染匕首，拿它在人身上试验，只要流出一点儿血，那人就会立刻死去。于是准备行装，送荆轲动身。

燕国有个勇士叫秦武阳，十二岁时就杀过人，别人都不敢正眼看他。于是太子就派秦武阳做荆轲的助手。荆轲正等着另一个人，想跟他一起去，那人住得远，还没有赶到，荆轲为此滞留等他。过了好几天还没有出发。太子嫌他行动缓慢，怀疑他要反悔，于是又去请求他说："时间已经不多了，你难道不打算去了吗？请让我先派秦武阳去吧。"荆轲生气了，喝叱太子说："我今天去了如果不能回来，就可能因为秦武阳这小子！如今我拿着一把匕首到吉凶难测的秦国去，之所以还不动身，是要等我的朋友一起走。现在您既然嫌我行动迟缓，那就诀别吧！"于是就出发了。

太子以及知道这件事的宾客，都身穿白衣，头戴白帽来为荆轲送行。到了易水岸边，祭祀完路神，就要上路。这时，高渐离击起了筑乐，荆轲和着曲调唱起歌来，歌声凄厉悲怆，人们听了都流下眼泪，暗暗地抽泣。荆轲又踱上前唱道："风萧萧啊易水寒，壮士一去啊不复还！"接着乐音又变作慷慨激昂的羽声，人们听得虎目圆睁，怒发冲冠。于是荆轲登上马车飞驰而去，始终没有回头看一眼。

一行人到秦国以后，荆轲带上价值千金的玉帛等礼物，去见秦王的宠臣中庶子蒙嘉。蒙嘉替他事先在秦王面前美言道："燕王确实畏惧大王的威势，不敢发兵和大王对抗，情愿让国人做秦国的臣民，和各方诸侯同列，像秦国郡县一样进奉贡品，只求能够奉守先王的宗庙。燕王非常害怕，不敢亲自来向大王陈述，特地斩了樊于期，并献上燕国督亢的地图，都封装在匣子里，燕王又亲自在朝廷送行，派来使者向大王禀告。请大王指示。"

秦王听了这番话后十分高兴。于是穿上朝服，设置九宾之礼，在咸阳宫接见燕国使者。荆轲捧着封藏樊于期头颅的匣子，秦武阳捧着装地图的匣子，按顺序走上前去。走到宫殿前的台阶下，秦武阳脸色陡变，浑身发抖，秦国大臣们感到奇怪，荆轲回过头朝秦武阳笑了笑，走上前去向秦王谢罪说："他是北方荒野之地的粗人，没有见过世面，今日得见天子，所以害怕，希望大王稍加宽容，让他能在大王面前完成使命。"

秦王对荆轲说："起来，把拿的地图取过来。"荆轲就取过地图奉献上去，打开卷轴地图，地图完全展开时露出了匕首，说时迟那时快，荆轲左手拉住秦王的衣袖，右手抓过匕首就刺向秦王，可惜没能刺中。秦王大吃一惊，抽身而起，挣断衣袖。秦王赶忙伸手拔剑，剑身太长，卡在剑鞘里了。当时情况紧急，剑又卡得太紧，所以不能立刻拔出来。荆轲追赶秦王，秦王只好绕着柱子逃跑。群臣都惊慌失措，由于突然发生了出人意料的事，一个个都失去了常态。而且按照秦国的法律，大臣在殿上侍奉君王时不得携带任何兵器，守卫宫禁的侍卫虽然带着武器，但都站在殿外，没有秦王的命令不能上殿。正在危急的时候，秦王来不及召殿下卫兵，因此荆轲追赶秦王的时候，大臣们在仓猝之间惊慌失措，没有什么东西拿来还击荆轲，只好一起用手抓他。这时御医夏无且用他身上带着的药袋向荆轲投去。秦王正绕着柱子跑，不知怎么办好，趁这个机会大臣们才对他大喊："大王把剑背过去！快推到背后！"秦王这才拔出剑来砍荆轲，一下子砍断了他的左腿。荆轲重伤跌倒在地，于是举起匕首向秦王投去，没有击中，扎在柱子上。秦王又砍荆轲，荆轲八处受伤。荆轲自知事情失败，就靠着柱子大笑起来，又开两腿大骂道："事情之所以没有成功，无非是想活捉你，得到归还侵占土地的凭证去回报太子。"两旁的人赶过来把荆轲杀了，秦王头昏目眩了好久，才回过神来。

后来秦王对群臣论功行赏，处罚也根据情况，分别对待。秦王赏赐夏无且黄金二百镒，说："无且爱护我，才用药袋投击荆轲啊。"

于是秦对燕十分愤恨，增派军队赶往赵国旧地，命令王翦的部队去攻打燕国，十月攻陷燕都蓟城。燕王喜、太子丹等率领精锐部队退守辽东。秦将李信追击燕王，燕王急了，只好采用代王赵嘉的主意，杀了太子丹，打算献给秦王。但秦军仍旧继续进攻，五年之后终于灭掉了燕国，俘虏了燕王喜，秦国统一天下。

后来，荆轲的好友高渐离利用击筑的机会见到秦始皇，他用筑投击秦始皇，想为燕国报仇，结果也没有击中，反被杀死。

智慧解读

荆轲身上体现的以弱小的个体反抗强暴的勇气和甘为高尚的政治价值观和理想主义献身的牺牲精神值得千古流芳。然而燕太子丹"至丹以荆卿为计，始速祸焉"的政治决策不能不让后人反思，就像北宋文豪苏洵在《六国论》中所写得："向使三国各爱其地，齐人勿附於秦，刺客不行，良将犹在，则胜负之数，存亡之理，当与秦相较，或未易也。"

荆轲等战国游侠不是凡夫俗子，他们是具有政治价值观和抱负的理想主义者，他们超越物欲，将个人价值的实现放在国家民族、自由正义等形而上的信念上。但作为理想主义者，要想在社会上建立经济、政治等方面的功业，必须要具有勇气和智慧。所谓勇气就是那种明知行动会招致自身的伤亡，也要以微弱的自身与强大的对方挑战的只知正邪、不计损益的高于常人的气概。政治事业是对大道高义的奋争，是拯济天下的伟业，它需要那种"虽千万人，吾往也"的执著和勇气，需要那种舍身取义、杀身成仁、论万世不论一生，论顺逆不论成败的节义。真正的政治家是无所畏惧的理想主义者，他不是政客，他要为某种价值观而献身。没有这种勇气、节义，政治家就会成为投机分子，在事业关头权衡个人的利益得失，将一己之利置于政治事业之上。

社会上的竞争有时如同作战，只有勇者才能立于不败之地。斗争中的胆怯、退让，反而给对手以可乘之机，也使决策出现失误，使事业蒙受损失。只有勇气，才能激发起人们越挫越勇的斗志和破釜沉舟的决心。那种"知其不可而为之""明知山有虎，偏向虎山行"的血性和勇气，才能促使对手的最终败退。倘若英雄志士连向困难挑战的勇气都没有，那就看不出其与一般民众有何异同。勇者给人以精神上的依赖、依靠和信仰，使人们发觉跟着勇者，就无所谓恐惧和失败。勇者奋不顾身的气慨和以身作则的先锋形象，使下属和同志焕发起了如火如荼的热情，使他们象勇者一样忠诚和勇敢。在这个意义上，我们不应该以成败论英雄。事业失败了，对志士们的素质和技术方面的错误进行检讨反省是一回事，对他们的勇气、节义和高尚品质的肯定和尊重是另外一回事。

就社会上的众多事业如同作战和与对手较量而言，勇气是第一位的，但就事业一定要取胜这一功利目的而言，智慧显得异常重要。正如苏洵在《六国论》中指出的：燕太子丹之所以使荆轲刺秦王，是想阻止秦国攻燕，甚至想挟持秦王归还被占领土。但他采用的手段不仅没有达成他的目的，反而加速了燕国的灭亡，导致身死国灭。荆轲刺秦王在政治决策上显然是很幼稚的败笔。荆轲成就了自己的英雄主义形象，却加速了燕国的灭亡，与最初的战略目的背道而驰。

政治家切勿好高骛远，心浮意躁。强行实现过高的目的是不可能的，所期望的局面不会由于政治行动马上来临，"心想事成"只是神话。政治家要审时度势，权衡得失，考证行动的现实可操作性。政治中的退让、等待、忍耐比勇猛的义无返顾有用得多。政治就是一门把握可能性的艺术，在一个阶段不能干的事就应该不干，周易中讲"尺蠖之屈，以求信（伸）也"，"屈信相感而利生焉"，韬光隐晦、以退为进、必要的退却、坚韧的耐力方可行事。凭着血气之勇的刺秦，固然可以赢得千古英名和美学价值，却既给行动者本人造成了劫难，又对事业进程毫无补益。

政治决策需要高度的智慧，它要考虑目的与手段的相互联系；考虑斗争方式是否最为妥贴，考虑成本、代价和负效。政治家不是仅有血气之勇的匹夫，他要运筹谋划，考虑事业的最终胜利。他始终将斗争目的与自己的每一行动联系起来，他要使事业减少谬误和挫折，以最小的成本换得最大的收益，最终使目的以最令人满意的速度和状态出现。最关键的，真正的政治家是那种实现了从理想主义的英雄到务实的政治家的转变的人物。所谓务实的政治家，是那种把目的的真正实现看得高于一切的政治家。他不看重道义上的清名、一时的成功和暂时的退却；他看重的是谋略、实力、效用和最终的胜利。

赵且伐燕

原文

赵且伐燕，苏代为燕谓惠王曰："今者臣来，过易水，蚌方出曝，而鹬啄其肉，蚌合而拑其喙。鹬曰：'今日不雨，明日不雨，即有死蚌。'蚌亦谓鹬曰：'今日不出，明日不出，即有死鹬。'两者不肯相舍，渔者得而并禽之。今赵且伐燕，燕、赵久相支，以弊大众，臣恐强秦之为渔父也。故愿王之熟计之也。"惠王曰："善。"乃止。

译文

赵国准备讨伐燕国，苏代为燕国去劝说赵惠王说："我这次来，经过易水，看见一只河蚌正从水里出来晒太阳，一只鹬飞来啄它的肉，河蚌马上闭拢，夹住了鹬的嘴。鹬说：'今天不下雨，明天不下雨，你就变成肉干了。'河蚌对鹬说：'今天不放你，明天不放你，你就成了死鹬。'它们俩谁也不肯放开谁，一个渔夫走过来，把它们俩一块捉走了。现在赵国将要攻打燕国，燕赵如果长期相持不下，老百姓就会疲弊不堪，我担心强大的秦国就要成为那不劳而获的渔翁了。所以希望大王认真考虑出兵之事。"赵惠文王说："好吧。"于是停止出兵攻打燕国。

智慧解读

战国说客们大量运用寓言故事来喻事明理，生动形象、直白明了。寓言不仅增强了辩词的说服力，而且使行文别出心裁、独具摇曳生姿意蕴无穷的美感。今天我们的话语相对于古人，显得贫乏和苍白，只有不断地在语言的形象、生动、直白上多下点工夫，才能不愧为是他们的后代。

昌国君乐毅

原文

昌国君乐毅为燕昭王合五国之兵而攻齐，下七十余城，尽郡县之以属燕。三城未下，而燕昭王死。惠王即位，用齐人反间，疑乐毅，而使骑劫代之将。乐毅奔赵，赵封以为望诸君。齐田单欺诈骑劫，卒败燕军，复收七十城以复齐。燕王悔，惧赵用乐毅乘燕之弊以伐燕。

燕王乃使人让乐毅，且谢之曰："先王举国而委将军，将军为燕破齐，报先王之仇，天下莫不振动，寡人岂敢一日而忘将军之功哉！会先王弃群臣，寡人新即位，左右误寡人。寡人之使骑劫代将军者，为将军久暴露于外，故召将军且休计事。将军过听，以与寡人有郄，遂捐燕而归赵。将军自为计则可矣，而亦何以报先王之所以遇将军之意乎?"

　　望诸君乃使人献书报燕王曰:"臣不佞,不能奉承先王之教,以顺左右之心,恐抵斧质之罪,以伤先王之明,而又害于足下之义,故遁逃奔赵。自负以不肖之罪,故不敢为辞说。今王使使者数之罪,臣恐侍御者之不察先王之所以畜幸臣之理,而又不白于臣之所以事先王之心,故敢以书对。

　　"臣闻贤圣之君,不以禄私其亲,功多者授之;不以官随其爱,能当之者处之。故察能而授官者,成功之君也;论行而结交者,立名之士也。臣以所学者观之,先王之举错,有高世之心,故假节于魏王,而以身得察于燕。先王过举,擢之乎宾客之中,而立之乎群臣之上,不谋于父兄,而使臣为亚卿。臣自以为奉令承教,可以幸无罪矣,故受命而不辞。

　　先王命之曰:'我有积怨深怒于齐,不量轻弱,而欲以齐为事。'臣对曰:"夫齐,霸国之余教也,而骤胜之遗事也,闲于兵甲,习于战攻。王若欲攻之,则必举天下而图之。举天下而图之,莫径于结赵矣。且又淮北、宋地,楚、魏之所同愿也。赵若许,约楚、魏、宋尽力,四国攻之,齐可大破也。'先王曰:'善。'臣乃口受令,具符节,南使臣于赵。顾反命,起兵随而攻齐。以天之道,先王之灵,河北之地,随先王举而有之于济上。济上之军,奉令击齐,大胜之。轻卒锐兵,长驱至国。齐王逃遁走莒,仅以身免。珠玉财宝,车甲珍器,尽收入燕,大吕陈于元英,故鼎反于历室,齐器设于宁台。蓟丘之植,植于汶篁。自五伯以来,功未有及先王者也。先王以为惬其志,以臣为不顿命,故裂地而封之,使之得比乎小国诸侯。臣不佞,自以为奉命承教,可以幸无罪矣,故受命而弗辞。

臣闻贤明之君，功立而不废，故著于春秋；蚤知之士，名成而不毁，故称于后世。若先王之报怨雪耻，夷万乘之强国，收八百岁之蓄积，及至弃群臣之日，余令诏后嗣之遗义，执政任事之臣，所以能循法令，顺庶孽者，施及于萌隶，皆可以教于后世。

臣闻善作者，不必善成；善始者，不必善终。昔者伍子胥说听乎阖闾，故吴王远迹至于郢。夫差弗是也，赐之鸱夷而浮之江。故吴王夫差不悟先论之可以立功，故沉子胥而不悔。子胥不蚤见主之不同量，故入江而不改。夫免身全功，以明先王之迹者，臣之上计也。离毁辱之非，堕先王之名者，臣之所大恐也。临不测之罪，以幸为利者，义之所不敢出也。

臣闻古之君子，交绝不出恶声；忠臣之去也，不洁其名。臣虽不佞，数奉教于君子矣。恐侍御者之亲左右之说，而不察疏远之行也。故敢以书报，唯君之留意焉。"

译文

昌国君乐毅为燕昭王率五国军队攻打齐国，攻下七十多座城邑，并把这些地方全部作为郡县划归燕国。只剩三座城没有攻下，燕昭王就死了。燕惠王即位，齐人使用反间计，使乐毅受到怀疑，惠王派骑劫代替乐毅的将军职务。于是乐毅逃亡赵国，赵王封他为望诸君。后来，齐国大将田单设计骗骑劫，最终打败了燕国，收复了七十多座城邑，恢复了齐国。惠王后来深感后悔，又害怕赵国任用乐毅趁燕国疲惫时来攻打燕国。

于是燕惠王派人责备乐毅，并向乐毅表示歉意说："先王把整个燕国托付给将军，将军不负重托，为燕国打败了齐国，替先王报了仇，天下人无不为之震动，我怎么敢忘记将军的功劳呢！现在，适逢先王不幸离开人世，我又刚刚即位，结果竟被左右侍臣蒙蔽了。寡人所以让骑劫代替将军的意思，是因为将军长期在外奔波辛劳，于是召请将军回来，暂且休整一下，以便共议国家大事。然而，将军误解了我，认为和我有了隔阂，就丢下燕国归附了赵国。如果将军认为自己这样打算还可以，可您又拿什么来报答先王对将军您的知遇之恩呢？"

于是乐毅派人送去书信回答燕惠王说："我庸碌无能，不能遵行先王的教诲，来顺从左右人的心思，又惟恐遭杀身之祸，这样既损伤了先王用人的英明，又使大王蒙受不义的名声，所以我才逃到赵国。我背着不忠的罪名，所以也不敢为此辩解。大王派使者来列举我的罪过，我担心大王不能明察先王任用爱护我的理由，并且也不明白我之所以事奉先王的心情，所以才斗胆写封信来回答您。我听说贤惠圣明的君主，不把爵禄任意送给自己亲近的人，而是赐给功劳大的人；不把官职随便授给自己喜爱的人，而是让称职的人干。所以，考察才能再授以相应的官职，这才是能够建功立业的君主；能够衡量一个人的德行再结交朋友，这才是能显身扬名的人。我用所学的知识观察，先王举拔安置人才，有超越当代君主的胸襟，所以我借着为魏王出使的机会，才能亲自到燕国接受考察。先王过高地抬举我，在宾客之中把我选拔出来，安排的官职在群臣之上，不与宗室大臣商量，就任命我为亚卿。我自以为接受命令秉承教导，可以有幸不受处罚，所以就接受了任命而没有推辞。

"先王命令我说：'我和齐国有深仇大恨，顾不得国力弱小，也要向齐国报仇。'我回答说：'齐国有先代称霸的遗教，并且留下来几次大胜的功业。精于用兵，熟习攻守。大王若想攻打齐国，就一定要联合天下的诸侯共同对付它。要联合天下诸侯来对付齐国，最便捷的就是先和赵国结交。再说，齐国占有的淮北和宋国故地，是楚国和魏国想要得到的。赵国如果答应，再联合楚魏和被齐占领的宋国共同出动兵力，四国联合攻齐，就一定可以大败齐国。'先王说：'好。'于是亲口授命，准备好符节，让我出使到南边的赵国。待我回国复命以后，各国随即起兵攻齐。靠着上天的保佑和先王的精明，河北之地全数被先王所占有。我们驻守在济水边上的军队，奉命进击齐军，获得全胜。我们以轻便精锐的部队又长驱直入齐都，齐闵王仓皇逃到莒地，才得以免于一死。齐国的珠玉财宝，车马铠甲、珍贵器物，全部收入燕国的府库，齐国制定乐律的大钟被陈放在元英殿，燕国的大鼎又回到了历室宫，齐国的各种宝器摆设在宁台里，燕都蓟丘的植物移种在汶水的竹田里。从春秋五霸以来，没有一个人的功业能赶得上先王。先王认为满足了心愿，也认为我没有辜负使命，因此划分一块土地封赏我，使我的地位能够比得上小国的诸侯。我没才能，但自认为奉守命令秉承教诲，就可以万幸无罪了，所以接受了封赏而毫不推辞。

"我听说贤明的君王，功业建立后就不能半途而废，因而才能名垂青史；有先见之明的人，获得名誉后就不可毁弃，因而才能被后人所称颂。像先王那样报仇雪恨，征服了拥有万辆车的强国，收取它们八百年的积蓄。等到离开人世，先王仍不忘发布旨令，向后代宣示遗嘱。执政管事的大臣，凭着先王的旨义并按照法令，谨慎对待王族子孙，施恩于平民百姓，这些都可以成为后世的典范。

"我听说，善于开创的不一定善于完成，有好的开端未必有好的结局。从前，伍子胥的计谋被吴王阖闾采用，所以吴王的足迹能远踏楚国郢都。相反，吴王夫差对伍子胥的意见不以为然，赐死伍子胥，装在皮口袋里，投入江中。可见吴王夫差始终不明白贤人的主张对吴国建立功业的重要性，所以把伍子胥沉入江中也不后悔。伍子胥不能及早预见自己和君主的度量不同，所以即使被投入大江里也不能改变诚挚的初衷。能免遭杀戮，保全功名，以此彰明先王的业绩，这是我的上策。自身遭受诋毁侮辱，因而毁坏先王的名声，这是我最害怕的事情。面对不可估量的大罪，还企图和赵国图谋燕国以求取私利，从道义上讲，这是我所不能做的。

"我听说，古代的君子在交情断绝时也不说对方的坏话；忠臣离开本国时，也不为自己的名节辩白。我虽不才，也曾多次接受有德之人的教诲，我担心大王听信左右的话，而不体察我这个被疏远人的行为。所以才斗胆以书信作答，只请大王您三思。"

智慧解读

历史上的功臣，得其善终者并不多。"功高震主""兔死狗烹"，所谓名满天下，谤也随之。嫉妒者、仇恨者、不满者遍布朝野。尤其是新主登基，既不知昔日的艰难，又听信谗言与诽谤，故而诛杀功臣的特别多。如南北朝的傅亮、徐羡之，清朝的鳌拜等老臣就被新主诛杀。曾国藩当年就吸取这种历史教训，在裁撤湘军时暗存精锐，做到了英雄不自剪羽翼，如此就使自己没有随帝王的更替而轻易削弱。

"贤圣之君，不以禄私其亲，功多者授之；不以官随其爱，能当者处之。故察能而授官者，成功之君也；论行而结交者，立名之士也。"政者，正也。在任用赏罚时，一定要不徇私情、依照功过才具为标准进行。乐毅结合自己的经历，阐明了这个千古适用的政界、商界公理，对新主燕惠王听信谗言、用人不当提出了委婉的批评。无论是才干还是忠心，乐毅都堪称一代名将。

燕饥赵将伐之

原文

燕饥，赵将伐之。楚使将军之燕，过魏，见赵恢。赵恢曰："使除患无至，易于救患。伍子胥、宫之奇不用，烛之武、张孟谈受大赏。是故谋者皆从事于除患之道，而先使除患无至者，今予以百金送公也，不如以言。公听吾言而说赵王曰："'昔者吴伐齐，为其饥也，伐齐未必胜也，而弱越乘其弊以霸。今王之伐燕也，亦为其饥也，伐之未必胜，而强秦将以兵承王之西，是使弱赵居强吴之处，而使强秦处弱越之所以霸也。愿王之熟计之也。'"

使者乃以说赵王，赵王大说，乃止。燕昭王闻之，乃封之以地。

译文

燕国发生饥荒，赵国准备乘机攻打它。楚国派一名将军到燕国去，途经魏国时，见到了赵恢。赵恢对楚将说："预防灾祸不让它发生，这比灾祸发生后再去解救要容易得多。历史上伍子胥和宫之奇的劝谏都不被君王采用，而烛之武和张孟谈的谋略却受到君王的赏识。所以谋臣们都想方设法防患于未然，消除灾祸使它不会发生。现在我与其送您百金，不如送您几句话。您如果能听我的话，就去劝说赵王：'过去吴国讨伐齐国，是因为齐国闹饥荒，可是没有等到伐齐取得成功，弱小的越国就趁吴国疲惫之机打败了吴国而称霸一方。现在大王要攻打燕国，也是因为他们闹饥荒，我看讨伐燕国未必能获胜，而且强大的秦国可能在西部出兵乘机进攻赵国。这是让弱赵处在当年强吴的不利地位，而让现在的强秦国处于当年弱越的有利地位啊。希望大王认真思量。'"

楚国的使者于是就用赵恢的这番话去规劝赵王，赵王听后非常高兴，就打消了攻打燕国的念头。燕昭王听说这件事后，就把土地封赏给这位楚国的使者。

智慧解读

赵恢在论辩中博古通今，把所论辩的问题放到已经过去的历史坐标系上，借古讽今，用历史的经验启示今人，使今人牢记前车之鉴。虽然借用的是历史的陈迹，然而其话锋直指当前、直指当事者的内心，具有了无可辩驳的雄辩力。我们在向上级、下属阐述意见时要多列举历史上的人物和事件，让已经发生的能证明自己论点的事例直接阐明观点，如此肯定会增强言说的说服力。

苏代自齐献书于燕王

原文

苏代自齐献书于燕王曰："臣之行也，固知将有口事郢，故献御书而行曰：'臣贵于齐，燕大夫将不信臣；臣贱，将轻臣；臣用，将多望于臣；齐有不善，将归罪于臣；天下不攻齐，将曰善为齐谋；天下攻齐，将与齐兼郢臣。臣之所重处重卯也。'

王谓臣曰：'吾必不听众口与谗言，吾信汝也，犹刿刿者也。上可以得用于齐，次可以得信于下，苟无死，女无不为也，以女自信可也。'与之言曰：'去燕之齐可也，期于成事而已。'臣受令以任齐，及五年。齐数出兵，未尝谋燕。齐、赵之交，一合一离，燕王不与齐谋赵，则与赵谋齐。齐之信燕也，至于虚北地行其兵。今王信田伐与缲、去疾之言，且攻齐，使齐犬马骎而不信燕。今王又使庆令臣曰：'吾欲用所善。'王苟欲用之，则臣请为王事之。王欲释臣任所善，则臣请归释事。臣苟得见，则盈愿。"

译文

苏代从齐国上书燕昭王说："我这次来到齐国，本来就知道有人会在燕国进我的谗言，所以临行之前给您呈上书信：'如果将来我在齐国得到显贵的地位，燕国士大夫就再也不会信任我；如果我的地位卑贱，他们就会看不起我；如果我受到重用，他们会怨恨我；齐国对燕有什么不友好的地方，他们又会归罪于我；若是天下诸侯不进攻齐国，他们又将说我苏代一心为齐国打算；若是天下诸侯进攻齐国，他们将和齐国一起抛弃我。我的处境有累卵之危。'

大王对我说：'我一定不会听信那些闲言谗语，我将会斩钉截铁、毫不动摇地信任你。请记住，最主要的是在齐国能够得到重用，其次是在下边的群臣中获得信任，即使最不理想，只要死不了，还能干你想干的事，听凭你的自信力去办吧。'大王又和我说：'离开燕国到了齐国就好办了，只期望事情能办成功就行。'自从我受命出使齐国，至今已有五年了。其间，齐国多次发兵侵地，但都从未曾图谋燕国。齐赵两国的邦交，时好时坏，时分时合，燕国不是联合齐国图谋赵国，以离间齐赵的关系；就是我暗地里使燕国帮助赵国图谋齐国，以促成燕国的计谋。然而齐国依旧信任燕国，以致齐国北部边境不设防线，用那里的军队去攻打别的国家。近几年以来大王听信田伐、缲去疾的话，准备进攻齐国，而使齐国大为戒备而不信任燕国。如今，大王又派盛庆告诉我说：'我要任用合我心意的人在齐国工作。'假使大王真想任用那样的人，那么请让我为大王去辅助他。如果大王真要罢免我而专任所谓合意的人，那么请让我回国后解除职务。假如我能够见到大王，也就心满意足了。"

智慧解读

做间谍是一般伦理道德所不齿的事情，但为了国家、团体利益，做间谍又是非常的必需。作为间谍自己，因为长期在外国，所以必然会引起对方的猜疑。苏代作为燕国的间谍长期任职在齐国，而且在齐国身居要职，他忠心地为燕国做事，但却得不到燕国君臣的信任。当嘲弄、陷害、仇视等不是发自敌人而是发自自己的阵营时，这确实是对一个政治家的严峻考验，也是对政治家高尚心灵的伤害。

政治生活中遇到的挫折、痛苦、误解、孤独感，常使人难以接受而逃离政治斗争。政治家遇到的困难非一般人想象。毛泽东曾说"政治是不流血的战争"，这里充满了尔虞我诈、烽火与硝烟。政治事业的伟大就在于它充满了挫折和困苦，政治家的伟大就在于他能承受荒原一般的孤独、以及对手的折磨、同志的误解。如果没有这些曲曲折折，则政治事业和政治家就会显得平淡无奇，成功的景象和影响也不如尽人意，尤如昙花一现。

苏代为燕说齐

原文

苏代为燕说齐，未见齐王，先说淳于髡曰："人有卖骏马者，比三旦立于市，人莫知之。往见伯乐曰：'臣有骏马，欲卖之，比三旦立于市，人莫与言，愿子还而视之。去而顾之，臣请献一朝之贾。'伯乐乃还而视之，去而顾之，一旦而马价十倍。今臣欲以骏马见于王，莫为臣先后者，足下有意为臣伯乐乎？臣请献白璧一双，黄金千镒，以为马食。"淳于髡曰："谨闻命矣。"入言之王而见之，齐王大说苏子。

译文

苏代为燕国去游说齐国，没有见齐威王之前，先对淳于髡说道："有一个卖骏马的人，接连三天早晨守候在市场里，也无人知道他的马是匹骏马。卖马人很着急，于是去见伯乐说：'我有一匹骏马，想要卖掉它，可是接连三天早晨，也没有哪个人来问一下，希望先生您能绕着我的马看一下，离开时回头再瞅一眼，这样我愿意给您一天的费用。'伯乐于是就照着卖马人的话做了，结果一下子马的身价竟然涨了十倍。现在我想把'骏马'送给齐王看，可是没有替我前后周旋的人，先生有意做我的伯乐吗？请让我送给您白璧一双，黄金千镒，以此作为您的辛苦费吧。"淳于髡说："愿意听从您的吩咐。"于是淳于髡进宫向齐王作了引荐，齐王接见了苏代，而且很喜欢他。

智慧解读

"货好不怕巷子深"，这样的落后观念不仅在现代社会，而且在古代有识之士眼中也是很迂拙的意识。有才能的人一定要推销自己，而且要善于推销自己，要像卖马人借助伯乐提高马的身价一样，要借助一些要人提高自己的身价。那些不学无术的人尚且采用这样的手段，作为有真才实学者，采用这样的手段推销自己是完全应该的。面对广告业如此发达的今天，我们如果怀才不遇千万不要怨天尤人，人的本性如此，如果不采取一些策略引起他人和社会的重视，那只能怪自己愚笨得出奇了。

燕昭王收破燕

原文

  燕昭王收破燕后，即位，卑身厚币，以招贤者，欲将以报仇。故往见郭隗先生曰："齐因孤国之乱，而袭破燕。孤极知燕小力少，不足以报。然得贤士与共国，以雪先王之耻，孤之愿也。敢问以国报仇者奈何？"

  郭隗先生对曰："帝者与师处，王者与友处，霸者与臣处，亡国与役处。诎指而事之，北面而受学，则百己者至。先趋而后息，先问而后嘿，则什己者至。人趋己趋，则若己者至。冯几据杖，眄视指使，则厮役之人至。若恣睢奋击，呴籍叱咄，则徒隶之人至矣。此古服道致士之法也。王诚博选国中之贤者，而朝其门下，天下闻王朝其贤臣，天下之士必趋于燕矣。"

  昭王曰："寡人将谁朝而可？"郭隗先生曰："臣闻古之君人，有以千金求千里马者，三年不能得。涓人言于君曰：'请求之。'君遣之。三月得千里马，马已死，买其首五百金，反以报君。君大怒曰：'所求者生马，安事死马而捐五百金？'涓人对曰：'死马且买之五百金，况生马乎？天下必以王为能市马，马今至矣。'于是不能期年，千里之马至者三。今王诚欲致士，先从隗始；隗且见事，况贤于隗者乎？岂远千里哉？"

  于是昭王为隗筑宫而师之。乐毅自魏往，邹衍自齐往，剧辛自赵往，士争凑燕。燕王吊死问生，与百姓同其共苦。二十八年，燕国殷富，士卒乐佚轻战。于是遂以乐毅为上将军，与秦、楚、三晋合谋以伐齐，齐兵败，闵王出走于外。燕兵独追北，入至临淄，尽取齐宝，烧其宫室宗庙。齐城之不下者，唯独莒、即墨。

译文

　　燕昭王收拾了残破的燕国以后，登上王位，他礼贤下士，用丰厚的聘礼来招募贤才，想要依靠他们来报齐国破燕杀父之仇。为此他去见郭隗先生，说："齐国乘人之危，攻破我们燕国，我深知燕国势单力薄，无力报复。然而如果能得到贤士与我共商国事，以雪先王之耻，这是我的愿望。请问先生要报国家的大仇应该怎么办？"

　　郭隗先生回答说："成就帝业的国君以贤者为师，成就王业的国君以贤者为友，成就霸业的国君以贤者为臣，行将灭亡的国君以贤者为仆役。如果能够卑躬曲膝地侍奉贤者，屈居下位接受教诲，那么比自己才能超出百倍的人就会光临；早些学习晚些休息，先去求教别人过后再默思，那么才能胜过自己十倍的人就会到来；别人怎么做，自己也跟着做，那么才能与自己相当的人就会来到；如果凭靠几案，拄着手杖，盛气凌人地指挥别人，那么供人驱使跑腿当差的人就会来到；如果放纵骄横，行为粗暴，吼叫骂人，大声喝斥，那么就只有奴隶和犯人来了。这就是古往今来实行王道和招致人才的方法啊。大王若是真想广泛选用国内的贤者，就应该亲自登门拜访，天下的贤人听说大王的这一举动，就一定会赶着到燕国来。"

　　昭王说："我应当先拜访谁才好呢？"郭隗先生说道："我听说

古时有一位国君想用千金求购千里马，可是三年也没有买到。宫中有个近侍对他说道：'请您让我去买吧。国君就派他去了。三个月后他终于找到了千里马，可惜马已经死了，但是他仍然用五百金买了那匹马的脑袋，回来向国君复命。国君大怒道：'我要的是活马，死马有什么用，而且白白扔掉了五百金?'这个近侍胸有成竹地对君主说：'买死马尚且肯花五百金，更何况活马呢？天下人一定都以为大王您擅长买马，千里马很快就会有人送了。'于是不到一年，三匹千里马就到手了。如果现在大王真的想要罗致人才，就请先从我开始吧；我尚且被重用，何况那些胜过我的人呢？他们难道还会嫌千里的路程太遥远了吗？"

于是昭王为郭隗专门建造房屋，并拜他为师。消息传开，乐毅从魏国赶来，邹衍从齐国而来，剧辛也从赵国来了，人才争先恐后集聚燕国。昭王又在国中祭奠死者，慰问生者，和百姓同甘共苦。燕昭王二十八年的时候，燕国殷实富足，国力强盛，士兵们心情舒畅愿意效命。于是昭王用乐毅为上将军，和秦楚及三晋赵魏韩联合策划攻打齐国，齐国大败，齐闵王逃到国外。燕军又单独痛击败军，一直打到齐都临淄，掠取了那里的全部宝物，烧毁齐国宫殿和宗庙。没有被攻下的齐国城邑，只剩下莒和即墨。

智慧解读

人才对于一个人成就大业来说非常的重要，而求贤若渴、礼贤下士的人肯定为自己成就一番事业打下了坚实的基础。只有非常谦恭地尊重人才、推崇人才、优待人才，才能招来人杰；云集才俊，也才能集思广益、凝聚力量成就伟业。像汉高祖刘邦之所以能一统天下，最关键的是他能够招来最佳人才而且善于驾驭最佳人才。一切正如刘邦自己说的："运筹策于帷幄之中，决胜于千里之外，吾不如子房；镇国家、抚百姓、给饷馈、不绝粮道，吾不如萧何；连百万之军，战必胜，攻必取，吾不如韩信。三人者，皆人杰也。吾能用之，此吾所以有天下也。"

张仪为秦破从连横

原文

张仪为秦破从连横，谓燕王曰："大王之所亲莫如赵，昔赵王以其姊为代王妻，欲并代，约与代王遇于句注之塞。乃令工人作为金斗，长其尾，令之可以击人。与代王饮，而阴告厨人曰：'即酒酣乐，进热饭，即反斗击之。'于是酒酣乐进取热饭。厨人进斟羹，因反斗而击之，代王脑涂地。其姊闻之，摩笄以自刺也。故至今有摩笄之山，天下莫不闻。

"夫赵王之狼戾无亲，大王之所明见知也。且以赵王为可亲邪？赵兴兵而攻燕，再围燕都而劫大王，大王割十城乃却以谢。今赵王已入朝渑池，效河间以事秦。大王不事秦，秦下甲云中、九原，驱赵而攻燕，则易水、长城非王之有也。且今时赵之于秦，犹郡县也，不敢妄兴师以征伐。今大王事秦，秦王必喜，而赵不敢妄动矣。是西有强秦之援，而南无齐、赵之患，是故愿大王之熟计之也。"

　　燕王曰：“寡人蛮夷辟处，虽大男子，裁如婴儿，言不足以求正，谋不足以决事。今大客幸而教之，请奉社稷西面而事秦，献常山之尾五城。”

译文

　　张仪替秦国破坏合纵推行连横政策，对燕王说：“大王最亲近的诸侯莫过于赵国了。从前赵襄子把他的姐姐嫁给代君为妻，想要吞并代国，于是就跟代君约定在句注关塞会晤。他命令工匠制作了一个铁斗，把斗柄作得很长，使其可以用来打人。赵襄子在和代君喝酒之前，暗中告诉厨夫说：‘当酒喝得正高兴时，就送上热汤，那时就乘机掉过铁斗打死代君。’当时酒喝得正畅快，赵襄子要热汤，厨夫进来盛汤，趁机掉过铁斗打在代君的头上，代君脑浆流了一地。赵襄子的姐姐听说这件事后，用磨尖的金簪自杀了。因此至今还有摩笄山，天下人没有不知道的。赵王凶狠暴戾，六亲不认，这是大王明明知道的。

　　难道您觉得赵王是可以亲近的吗？赵国曾发兵攻打燕国，围困燕都，威逼大王，大王割让十座城邑去谢罪，赵国才退兵。现在赵王已经到渑池去朝见秦王，献出河间而归顺秦国。如果大王不归顺秦国，秦发兵云中、九原，驱使赵军进攻燕国，那么易水和长城，就不归大王所有了。况且当前赵国对于秦国来说，就如同郡县一般，不敢妄自发兵去攻打别国。如果大王归顺秦国，秦王一定很高兴，赵国也不敢轻举妄动了。如若那样，燕国西面有强大的秦国援助，南边没有了齐赵的侵扰，所以希望大王能深思熟虑。”

　　燕王说：“我身居野蛮僻远的地方，这里的人即使成年男子的智慧也仅像小孩一般，他们讲话不能有正确的看法，他们的智慧不能决断事情。如今有幸得到贵客的指教，我愿意献上燕国，归服秦国，并献出恒山西南的五个城邑。"

智慧解读

只要离间燕赵两国的关系、促使燕国依靠秦国而不再信赖赵国，连横事秦的目的就能达到。张仪为了说明赵王的不值信任，列举了赵王杀姐夫的这样一个例子，如此就将赵王凶狠暴戾、六亲不认的个性真实地刻画了出来。这样一种举一反三、简单枚举的方法，在论说中值得经常使用。燕王看到赵王不可信，而且非常暴戾，于是产生了厌恶和畏惧，只能用事奉秦国换来自己国家的安宁。

张仪为秦连横说赵王

原文

张仪为秦连横，说赵王曰："弊邑秦王，使臣敢献书于大王御史。大王收率天下以傧秦，秦兵不敢出函谷关十五年矣。大王之威，行于天下山东。弊邑恐惧慑伏，缮甲厉兵，饰车骑，习驰射，力田积粟，守四封之内，愁居慑处，不敢动摇，唯大王有意督过之也。今秦以大王之力，西举巴蜀，并汉中，东收两周而西迁九鼎，守白马之津。秦虽辟远，然而心忿含怒之日久矣。今宣君有微甲钝兵，军于渑池，愿渡河逾漳，据番吾，迎战邯郸之下。愿以甲子之日合战，以正殷纣之事。敬使臣先以闻于左右。

凡大王之所信以为从者，恃苏秦之计。荧惑诸侯，以是为非，以非为是。欲反复齐国而不能，自令车裂于齐之市。夫天下之不可一亦明矣。今楚与秦为昆弟之国，而韩、魏称为东蕃之臣，齐献鱼盐之地，此断赵之右臂也。夫断右臂而求与人斗，失其党而孤居，求欲无危，岂可得哉？今秦发三将军，一军塞午道，告齐使兴师渡清河，军于邯郸之东；一军军于成皋，韩、魏而军于河外；一军军于渑池。约曰：'四国为一以攻赵，破赵而四分其地'。是故不匿意隐情，先以闻于左右。臣切为大王计，莫如与秦遇于渑池，面相见而身相结也。臣请案兵无攻，愿大王之定计。"

赵王曰："先王之时，奉阳君相，专权擅势，蔽晦先王，独断官事。寡人宫居，属于师傅，不能与国谋。先王弃群臣，寡人年少，奉祠祭之日浅，私心固窃疑焉。以为一从不事秦，非国之长利也。乃且愿变心易虑，剖地谢前过以事秦。方将约车趋行，而适闻使者之明诏。"于是乃以车三百乘入朝渑池，割河间以事秦。

译文

张仪替秦国推行连横主张而又游说赵武王道："敝国君王派我通过御史给大王献上国书。大王率领天下诸侯对抗秦国，以致使秦军不敢出函谷关已十五年了。大王的威信通行于天下和山东六国，秦国对此非常恐惧，于是便修缮铠甲磨砺兵器，整顿战车，苦练骑射，勤于耕作，聚积粮食，严守四面边疆，过着忧愁恐惧的日子，不敢轻举妄动，惟恐大王有意责备我们的过错。现在秦国仰仗大王的威力，西面收复巴、蜀，兼并汉中，东面征服东、西两周，把象征天子的九鼎运移到西方，镇守白马渡口。秦国虽然地处僻远，但是心怀愤恨已经很久了。如今敝国秦王只有敝甲钝兵，驻扎在渑池，希望渡过黄河，越过漳水占领番吾，与赵军会战于邯郸城下。希望在甲子之日和赵军会战，以仿效武王伐纣的故事。秦王特派我将此事事先敬告大王陛下。

一般地说，大王听信合纵的原因，不过靠的是苏秦的计谋。苏秦惑乱诸侯，颠倒是非黑白，但是他阴谋颠覆齐国却没有成功，自己反而被车裂于齐国集市上。由此看来，天下各诸侯国是联合为一的。现在楚国和秦国结为兄弟之邦，韩、魏两国也自称是秦国的东方之臣，齐国献出鱼盐之地，这就切断了赵国的右臂。一个被割断了右臂的人去与人搏斗，就失去了同盟而孤立无援，所以要想没有危险，这怎么可能呢？现在秦国派出三路大军：一路堵塞午道，并通知齐国让它派出大军渡过清河，驻扎在邯郸以东；一路驻扎在韩国成皋，指挥韩、魏之军，列阵在魏国的河外；另一路军队驻扎在渑池。我们盟誓说：‘四国团结一致攻打赵国，灭掉赵后由四国瓜分赵国领土。’我不敢隐瞒真相，事先通知大王陛下。我私下为大王考虑，大王不如和秦王在渑池相会，见了面以后而使两国互结友好。我请求秦王停兵不进攻赵国，希望大王急速决定计划。”

赵武王说：“先王在位的时候，奉阳君为宰相，他为人专权跋扈，蒙蔽先王，一人独断朝政，而我在深宫中读书，不能参与国政。当先王丢下群臣离开人间的时候，寡人年龄还相当小，亲政的时日不多，但内心却非常疑惑。与各诸侯订立合纵之盟抗拒秦国，根本不是治国安邦的长久之计。因此正想重新考虑，改变战略国策，向秦割地，对以前参加合纵的错误表示谢罪，希望与秦国友好。我正准备车马要到秦国去时，适逢您到来，使我能够领受教诲。"于是赵武王率领三百领战车到渑池去朝见秦惠王，并把河间之地献给秦国。

智慧解读

张仪的说辞绵里藏针、以势压人、出招是非常狠毒的。首先他恭维赵国势力强大，然后话锋一转，指责赵王以前的合纵大大损伤了秦国的利益，秦国不仅怀恨已久，而且不惜与赵国一战，接着他不谈战事，指出合纵联盟解体已成定势，而连横已成各国的共识，最后张仪再现锋芒、以强大的暴力胁迫赵王就范。整个说辞实际上是最后通牒，是当时的强权政治和霸权主义者惯用的外交辞令。

张仪游说时虽以武力作后盾，但他的说话谋划得当、转折自然、软硬兼施，其中仍然有众多我们可取之处、可学之处。

人有恶苏秦于燕王者

原文

人有恶苏秦于燕王者，曰："武安君，天下不信人也。王以万乘下之，尊之于廷，示天下与小人群也。"武安君从齐来，而燕王不馆也。谓燕王曰："臣东周之鄙人也，见足下身无咫尺之功，而足下迎臣于郊，显臣于廷。今臣为足下使，利得十城，功存危燕，足下不听臣者，人必有言臣不信，伤臣于王者。臣之不信，是足下之福也。使臣信如尾生，廉如伯夷，孝如曾参，三者天下之高行，而以事足下，不可乎？"燕王曰："可。"曰："有此，臣亦不事足下矣。"

苏秦曰："且夫孝如曾参，义不离亲一夕宿于外，足下安得使之之齐？廉如伯夷，不取素餐，污武王之义而不臣焉，辞孤竹之君，饿而死于首阳之山。廉如此者，何肯步行数千里，而事弱燕之危主乎？信如尾生，期而不来，抱梁柱而死。信至如此，何肯扬燕、秦之威于齐而取大功哉？且夫信行者，所以自为也，非所以为人也。皆自复之术，非进取之道也。且夫三王代兴，五霸迭盛，皆不自复也。君以自复为可乎？则齐不益于营丘，足下不逾楚境，不窥于边城之外。且臣有老母于周，离老母而事足下，去自复之术，而谋进取之道，臣之趋固不与足下合者。足下皆自复之君也，仆者进取之臣也，所谓以忠信得罪于君者也。"

燕王曰："夫忠信，又何罪之有也？"

对曰："足下不知也。臣邻家有远为吏者，其妻私人。其夫且归，其私之者忧之。其妻曰：'公勿忧也，吾已为药酒以待之矣。'后二日，夫至。妻使妾奉卮酒进之。妾知其药酒也，进之则杀主父，言之则逐主母。乃阳僵弃酒。主父大怒而笞之。故妾一僵而弃酒，上以活主父，下以存主母也。忠至如此，然不免于笞，此以忠信得罪者也。臣之事，适不幸而有类妾之弃酒也。且臣之事足下，亢义益国，今乃得罪，臣恐天下后事足下者，莫敢自必也。且臣之说齐，曾不欺之也。使之说齐者，莫如臣之言也，虽尧、舜之智，不敢取也。"

译文

有人对燕王毁谤苏秦说:"苏秦是天下最不讲信义的人。大王以万乘之尊却非常谦恭地对待他,在朝廷上推崇他,但这是向天下人显示了自己与小人为伍啊。"苏秦从齐国归来,燕王竟然不给他预备住处。苏秦对燕王说:"我本是东周的一个平庸之辈,当初见大王时没有半点儿功劳,但大王到郊外去迎接我,使我在朝廷上地位显赫。现在我替您出使齐国,取得了收复十座城邑的利益,挽救了危亡之中的燕国,可是您却不再信任我,一定是有人说我不守信义,在大王面前中伤我。其实,我不守信义,那倒是您的福气。假使我像尾生那样讲信用,像伯夷那样廉洁,像曾参那样孝顺,具有这三种天下公认的高尚操行,来为大王效命,是不是可以呢?"燕王说:"当然可以。"苏秦说:"如果真是这样,我也就不会来为大王服务了。"

苏秦道:"臣要像曾参一样孝顺,就不能离开父母在外面歇宿一夜,您又怎么能让他到齐国去呢?像伯夷那样廉洁,不吃白食,认为周武王不义,不做他的臣下,又拒不接受孤竹国的君位,饿死在首阳山上,廉洁到这种程度,又怎么肯步行几千里,而为弱小燕国的垂危君主服务呢?如果臣有尾生的信用,和女子约会在桥下,那女子没来,直到水淹上身也不离开,最终抱着桥柱被淹死。讲信义到这种地步,怎么肯到齐国去宣扬燕秦的威力,并取得巨大的功绩呢?再说讲信义道德的人,都是用来自我完善,不是用来帮助他人的。所以这都是满足现状的办法,而不是谋求进取的途径。再说,三王交替兴起,五霸相继兴盛,他们都不满足现状。如果满足现状是可以的，那么齐国就不会进兵营丘，您也不能越过楚国边境，不可能窥探边城之外了。况且我在周地还有老母，离开老母来事奉您，抛开固步自封的做法，谋求进取的策略。看来我的目标，本来不和您相同。大王是满足现状的君主，而我是谋求进取的臣子，这就是因为忠信而得罪于君主的原因啊。"

燕王说："忠信又有什么可责怪的呢？"

苏秦说："您不知道，我的邻居中有个在远地方做官的人，他的妻子跟别人私通。她的丈夫眼看就快要回来了，和他私通的人很忧虑。那妻子对他的情夫说：'你别担心，我已经准备了毒酒等着他呢。'过了两天，丈夫到家了，妻子让女仆捧着毒酒送给他丈夫。女仆知道那是毒酒，如果送上去就要毒死男主人，如果说出实情女主人难以避免被赶走。于是她假装跌倒，泼掉了毒酒。男主人很生气，就用竹板打她。那女仆这一倒，对上救了男主人，对下保住了女主人。忠心到了这种地步，然而仍然免不了被打，这就是因为忠信反而受到罪责的人啊。现在我的处境，恰恰不幸和那个女仆泼掉毒酒反而受罚的遭遇类似。而且我事奉大王您，尽量使信义崇高，国家获益，如今竟受罪责，我担心以后天下来事奉您的人，没有谁自信能够做到这样。况且我劝说齐王，确实没用欺诈的手段，只不过游说齐国的其他使者，没有谁像我说得那么婉转。即使他们像尧、舜一样贤明，齐国也不肯相信他们的话。"

智慧解读

苏秦通过列举尾生、伯夷、曾参的事迹，和一个小故事，驳斥了那些道学家们对他的指责，也说明了自己好心没有好报的处境。

道学家们实际上不懂政治，正像马基雅维利将政治科学从旧道德中分离出来一样，苏秦也指出政治活动不能用普通的仁义道德来评价，如果政治活动受到高尚道德的制约，那么政治上将一事无成、毫无作为。国家与个人不一样，国家之间由于无信义可言，就必须讲实力、讲策略、讲变通。国家之间是超越于日常道德的，所以被日常道德所不齿的威逼利诱、暴力欺诈会经常使用，不足为奇。阴谋诡计用在日常人事上，那是小人伎俩，而如果用在国家大事上，那是枭雄志士的雄才大略。何况苏秦等人违背日常道德完全是为了国家利益，而不是为了个人的清名或利益。

其实战国时期之所以繁荣，战国策士们之所以功勋卓著，在于当时儒家思想还没有占居主流，在于策士们重功利而不重清名的功利主义人生观。儒家强调高行节义，但因此导致道德至上的虚骄之气充斥官场和社会中，而战国策士们的务实精神为国家增添了活力。善变敢说、运筹谋划不是在扭曲人性，而是在充分张扬人的智力、个性和气度，显露出人之为人的生命的力量和存在的价值。以辞锋相争，以智谋相夺，没有遮蔽道德虚饰的战国策士们的这种进取有为的功利主义人生观，在任何社会，都有一定的积极意义。

那些蒙蔽燕王的士大夫和卫道士们，标榜高行节义，却由于囿于教条而不能成事，困于日常道德而不能处理国际事务，甚至有的虚伪透顶，明里拿道义做攻击人的幌子，暗里玩弄权术诡计、大行尔虞我诈之本领。对一个国家来说，有害的倒是这类人。

燕文公时

原文

燕文公时，秦惠王以其女为燕太子妇。文公卒，易王立。齐宣王因燕丧攻之，取十城。武安君苏秦为燕说齐王，再拜而贺，因仰而吊。齐王按戈而却曰："此一何庆吊相随之速也？"

对曰："人之饥所以不食乌喙者，以为虽偷充腹，而与死同患也。今燕虽弱小，强秦之少婿也。王利其十城，而深与强秦为仇。今使弱燕为雁行，而强秦制其后，以招天下之精兵，此食乌喙之类也。"齐王曰："然则奈何？"对曰："圣人之制事也。转祸而为福，因败而为功。故桓公负妇人而名益尊，韩献开罪而交愈固，此皆转祸而为福，因败而为功者也。王能听臣，莫如归燕之十城，卑辞以谢秦。秦知王以己之故归燕城也，秦必德王。燕无故而得十城，燕亦德王。是弃强仇而立厚交也。且夫燕、秦之俱事齐，则大王号令，天下皆从。是王以虚辞附秦，而以十城取天下也。此霸王之业矣。所谓转祸为福，因败成功者也。"

齐王大说，乃归燕城。以金千斤谢其后，顿首途中，愿为兄弟，而请罪于秦。

译文

燕文公时，秦惠王把他的女儿嫁给燕国的太子做妻子。燕文公去世后，易王继位。齐宣王趁着燕国大丧进攻燕国，夺取了燕国十座城邑。武安君苏秦为燕国的利益去游说齐宣王。苏秦见了宣王，先拜了两拜表示祝贺，接着就仰起头来念悼辞。齐王手按铁戈向后退了几步，问道："你这是怎么回事，先贺喜接着就念悼辞？"

苏秦答道："人饿的时候，之所以不吃乌头（一种毒药），是认为即使能填满肚子，可是不久就会死去。现在燕国虽然比较弱小，但也是强秦的翁婿之邦。大王贪图十个城邑的便宜却和强大的秦国结下了深仇。现在如果让弱小的燕国做先锋，而强大的秦国做后盾，从而用天下的精兵攻击您，这与吃乌头充饥一样危险。"

齐宣王说："既然如此，该如何办呢？"苏秦回答说："圣人做事，能够转祸为福，因败取胜。因此尽管齐桓公虽有女色的牵连，自己的名声却更加的尊贵；韩献子虽因杀人获罪，但自己的地位却越发稳固，这些都是转祸为福、因败建功的例子。大王可以听从我的意见，不如归还燕国的十座城邑，并用谦恭的言辞向秦国道歉。当秦王知道大王是因为他的缘故而归还了燕国的十座城邑，一定感激大王。燕国平白无故收回城邑，也会感激大王，如此，大王不就避开了强敌，反而和他们建立了深厚的友谊吗？再说燕秦都会讨好齐国，那么大王发号施令，天下诸侯又有谁不会听从呢？大王只用话语表示亲近秦国，又以十座城邑取得天下的支持，这可是霸主的事业，也是所谓转祸为福，因败建功的好办法。"

齐宣王听后非常高兴，于是把燕国的十城送回，随后又送千金表示致歉，并在一路上叩头，希望结为兄弟之邦，恳请秦国赦罪。

智慧解读

苏秦刚开始就以念悼词先声夺人，紧紧地抓住了齐王的心。然后剖析了秦、齐、燕三国之间的利益关系，秦国可以联燕攻齐，齐国面临着这种威胁之后开始改变态度。之后苏秦据古论今、旁征博引，指出归还十座城市才会转祸为福。论证非常的有力，尤其是引用齐桓公、韩献子等历史人物的经验。给论辩内容增加了一种历史的厚重感，把这种历史智慧自如地运用和贯通于论辩中，给人一种不可抗拒的说服力。

苏秦将为从

原文

苏秦将为从，北说燕文侯曰："燕东有朝鲜、辽东，北有林胡、楼烦，西有云中、九原，南有呼沱、易水。地方二千余里，带甲数十万，车七百乘，骑六千匹，粟支十年。南有碣石、雁门之饶，北有枣粟之利，民虽不由田作，枣粟之实，足食于民矣。此所谓天府也。夫安乐无事，不见复军杀将之忧，无过燕矣。大王知其所以然乎？

夫燕之所以不犯寇被兵者，以赵之为蔽于南也。秦、赵五战，秦再胜而赵三胜。秦、赵相蔽，而王以全燕制其后，此燕之所以不犯难也。且夫秦之攻燕也，逾云中、九原，过代、上谷，弥地踵道数千里，虽得燕城，秦计固不能守也。秦之不能害燕亦明矣。今赵之攻燕也，发兴号令，不至十日，而数十万之众军于东垣矣。度呼沱，涉易水，不至四五日，距国都矣。故曰，秦之攻燕也，战于千里之外；赵之攻燕也，战于百里之内。夫不忧百里之患，而重千里之外，计无过于此者。是故愿大王与赵从亲，天下为一，则国必无患矣。"

燕王曰："寡人国小，西迫强秦，南近齐、赵。齐、赵强国也，今主君幸教诏之，合从以安燕，敬以国从。"于是赍苏秦车马金帛以至赵。

译文

苏秦为合纵之事，去北方游说燕文侯："燕国东有朝鲜和辽东，北有林胡和楼烦，西有云中和九原，南有呼沱河和易水。国土纵横二千多里。军队有几十万，战车有七百多辆，战马有六千匹，粮食够十年支用。南边有碣石和雁门的丰饶物产，北边有枣和栗子的获利收成，老百姓即使不耕作，仅靠枣栗也够吃的了。这就是所谓的天府之国。安居乐业，没有战争，看不到军队覆灭将领被杀这样忧心的事，这种和平境况没有谁比燕国更好的了。大王您知道为什么会这样吗？

燕国不遭受战争的原因，是因为有赵国在南面做蔽障。秦国和赵国发生了五次战争，秦国两胜而赵三胜。秦赵互相削弱，而大王却保全燕国，控制住这个大后方，这不就是燕国不受侵犯的缘故吗？况且秦国攻打燕国，要越过云中和九原，经过代郡和上谷，长途跋涉几千里，即使能够攻下燕国的城池，也知道根本没有办法占领它。秦国不能侵犯燕国的道理是很明显的。如果赵国攻打燕国，情况就大不一样了，只要一声令下，不出十天，数十万军队就能进驻到东垣一带。再渡过呼沱河和易水，不到四五天就可以到达燕国的都城了。因此说秦攻打燕，须得在千里之外开战；而赵攻打燕，是在百里之内开战。不担心百里之内的祸患而看重千里以外的战事，策略上的失误，是非常严重的。因此希望大王您和赵国合纵相亲，天下诸侯联合一体，那么燕国就一定没有忧患了。"

燕文侯说："我的国家弱小，西面迫近赵国，南面靠近齐国。齐赵都是强国，现在承蒙您的教导，号召我国合纵以使国家安宁，我愿意把国家交出来听从您的安排。"于是供给苏秦车马和金银布帛，让他到赵国进行合纵。

智慧解读

赵国是燕国的地理屏障，燕国得益于赵国免除了秦国的战乱，这是任何一个有政治地理概念的人都清楚的事。苏秦抓住了这个根本点不放，指出联合赵国、共同抗秦才是保持国家长治久安的战略大计。其雄辩先树立燕国信心、描画国泰民安的景象，接着指出这些景象的背后原因。最后指出了合纵抗秦才是燕国的最好选择。既有逻辑力量，也不乏折服他人、指点天下的气势，同苏秦的其他游说一样，同为合纵名篇。

段干越人谓新城君

原文

段干越人谓新城君曰："王良之弟子驾，云取千里马，遇造父

之弟子。造父之弟子曰：'马不千里。'王良弟子曰：'马，千里之
马也；服，千里之服也。而不能取千里，何也？'曰：'子缧牵长。
故缧牵于事，万分之一也，而难千里之行。'今臣虽不肖，于秦亦
万分之一也，而相国见臣不释塞者，是缧牵长也。"

译文

段干越人对新城君说："王良的弟子驾车，说是要日行千里，
他遇见了造父的弟子。造父的弟子说：'你的马不能跑千里。'王良
的弟子说：'我的边马是千里之马，辕马也是千里之马，却说我不
能日行千里，为什么呢？'造父的弟子说：'你的缰绳拉得太长了。
缰绳的长短对于驾御来说，其作用不过万分之一，却妨碍千里之
行。'现在我虽然不才，但对秦国的作用多少也有那么万分之一吧，
您见到我却不高兴，这也正是缰绳拉得太长了的缘故吧。"

智慧解读

段干越人通过马跑千里与缰绳拉得太长的关系的言说，指出如
果不重用自己，秦国就不会有大的发展。他充分运用了类比的方
法，避免了直接自荐的卤莽和直白，曲折形象地说出了自己的心中
所想，完全达到了预期的效果。

本篇还告诉我们：细节决定成败，一个微小的细节，都可能对
大局产生影响。

千里之提，溃于蚁穴，失之毫厘，差之千里，这些都是我们耳
熟能详的成语，可惜世人至今还不能完全理解这句话的真谛，击败

中国奶粉业头把交椅三鹿的不就是那些以毫克计算的三氯氰胺吗？几克重的三氯氰胺竟把一个大企业完全击垮了，所以凡是抱有"小小蚁穴，微不足道"侥幸心理的，失败甚至悲剧就会降临。因此要防微杜渐。

从小事做起，做好每一个细节，使事情顺利完成。

韩氏逐向晋于周

原文

韩氏逐向晋于周，周成恢为之谓魏王曰："周必宽而反之，王何不为之先言，是王有向晋于周也。"魏王曰："诺。"

成恢因为谓韩王曰："逐向晋者韩也，而还之者魏也，岂如道韩反之哉！是魏有向晋于周，而韩王失之也。"韩王曰："善。"亦因请复之。

译文

韩国把向晋驱逐回周国，成恢替向晋对魏王说："周国一定会宽恕向晋，把他送回韩国。大王何不赶在周国之前提出把向晋送回韩国呢？这样，大王一句好话就能得到向晋这样的心腹在周国为自己所用。"魏王说："好。"

成恢又为此事对韩王说："驱逐向晋的是韩国，而想使向晋返回来的是魏国，这样做哪里赶得上由韩国提出把向晋招回呢？否则，魏国能让向晋在周国为它效力，而韩国却坐失良机。"韩王说："对啊。"于是就恢复向晋在韩国的地位。

智慧解读

韩国在将向晋一驱一召之中，使向晋心悦诚服，也避免了向晋被其他势力给拉拢过去。在此过程中成恢起了关键的作用，他作好了整体安排，用不同的话语说服各方，使各方都按照自己的计划行事。尤其是游说魏王，实际上是一个最为重要的铺垫工作，不作铺垫，计划就不能实现。

秦大国

原文

秦大国，韩小国也。韩甚疏秦。然而见亲秦计之非金无以也，故卖美人。美人之贾贵，诸侯不能买，故秦买之三千金。韩因以其金事秦，秦反得其金与韩之美人。韩之美人因言于秦曰："韩甚疏秦。"从是观之，韩亡美人与金，其疏秦乃始益明。故客有说韩者曰："不如止淫用，以是为金以事秦，是金必行，而韩之疏秦不明。美人知内行者也，故善为计者，不见内行。"

译文

秦是大国，韩是小国。韩国很疏远秦国，可是表面上又不得不亲近秦国，考虑到非用钱财不可，所以就出售美女。美女的价钱昂贵，诸侯都买不起，后来秦王花了三千金把美女买了下来。韩国于是用这三千金来讨好秦国，这样秦国反而收回了那三千金，又得了韩国的美人。韩国的美人因此对秦王抱怨说："韩国对秦国很疏远。"由此可见，韩国不但失去了美女和钱财，而且使它内心疏远秦国的态度更加暴露。

所以有人劝说韩国说："不如停止一切奢侈生活，然后积存资金来侍奉秦国，只要有黄金必然能起作用，而韩国疏远秦国的事也就不会暴露，美女是了解国家秘密的。因此善于谋划的人，不能让国家机密外泄。"

智慧解读

韩国讨好秦国的方法可谓南辕北辙，不仅人财两空，而且最初的目的也没有达到。故事告诉我们，谋划事情时一定要考虑事情的负效应，要算计成本和收益。不仅经济活动中要考虑成本收益问题，其他事情都要有这种计算、权衡。如果一件事情的成本远大于收益，那么这个事情最好还是不要做。

或谓韩王曰

原文

或谓韩王曰:"秦王欲出事于梁,而欲攻绛、安邑,韩计将安出矣?秦之欲伐韩,以东窥周室,甚唯寐忘之。今韩不察,因欲与秦,必为山东大祸矣。秦之欲攻梁也,欲得梁以临韩,恐梁之不听也,故欲病之以固交也。王不察,因欲中立,梁必怒于韩之不与己,必折为秦用,韩必举矣。愿王熟虑之也。

不如急发重使之赵、梁,约复为兄弟,使山东皆以锐师戍韩、梁之西边,非为此也,山东无以救亡,此万世之计也。秦之欲并天下而王之也,不与古同。事之虽如子之事父,犹将亡之也。行虽如伯夷,犹将亡之也。行虽如桀、纣,犹将亡之也。虽善事之,无益也。不可以为存,适足以自令亟亡也。然则山东非能从亲,合而相坚如一者,必皆王矣。"

译文

有人对韩王说:"秦王想要征讨魏国,并且想攻打绛、安邑等城,不知韩国准备采取什么对策?秦国想攻打韩国,主要是为了图谋东方的周室,这是他梦寐以求的。如今韩国不明察事实,就贸然想要和秦国结为盟邦,必然给山东诸侯带来灾祸。秦攻打魏国,主要是为了经由魏国军临韩国，惟恐魏国不听号令，所以才决定给魏国以沉重的打击，借以巩固秦、魏之间的关系。可是君王没有明察事实真相，竟然妄想保持中立，魏国必然愤恨韩国，它在不得已的情况下会顺从秦国驱使，到那时韩国必将一败涂地，希望大王认真考虑！

所以君王不如派人前往赵、魏，和赵、魏两国结为同舟共济的兄弟，使山东诸侯派精兵镇守韩、魏的西边；假如不采取这种紧急措施，那山东诸侯将无法救亡图存，这是万代不朽的君国大计。秦国妄想吞并天下诸侯，进而以天子的姿态君临中国，其气概和古时迥然不同。侍奉秦国虽然像儿子侍奉父亲一样，但是父亲最后还是把儿子消灭掉。行为虽然像手足兄弟的伯夷让位叔齐，但是最后两兄弟却都是饿死在首阳山下；言行虽然像夏桀王和殷纣王，但是仍然被商汤王和周武王灭亡。由此可见，无论怎样事秦都是无益的，不但不能靠事秦来维护国运，反而会因此而加速国家的灭亡。换句话说，山东诸侯如果不结成合纵阵线，使各国诸侯团结一致，到最后必然被秦国——灭亡。"

智慧解读

雄辩家需要对时局有深刻把握、透彻理解和准确的预测，只有脑子里装有天下大势，超越了常人看问题的一般见识，雄辩中方能高瞻远瞩、纵横捭阖。此名说客已经觉察到了秦国的巨大的战略图谋，秦国妄图通过魏国消灭韩国，再最终消灭六国。真可谓"智者见于未萌"而"愚者暗于成事"。缺乏战略远见的韩王确实只有灭亡的一条命运。六国悲剧，从某种意义上说，都是由于统治者鼠目寸光的短浅见识酿成的。

融远见于游说当中，自觉而娴熟地运用，可使得游说者以恢宏的气势纵横天下、谈古论今。他们的辩辞自然体现出一种真理在握、把握历史的风格，在听者心里会激发一种雄壮的美感，从而在情绪上征服听者，使听者不知不觉地进入论辩者预先设定的思维套路中去。

或谓韩公仲

原文

或谓韩公仲曰："夫孪子之相似者，唯其母知之而已；利害之相似者，唯智者知之而已。今公国，其利害之相似，正如孪子之相似也。得以其道为之，则主尊而身安；不得其道，则主卑而身危。

今秦、魏之和成，而非公适束之，则韩必谋矣。若韩随魏以善秦，是为魏从也，则韩轻矣，主卑矣。秦已善韩，必将欲置其所爱信者，令用事于韩以完之，是公危矣。今公与安成君为秦、魏之和，成固为福，不成亦为福。秦、魏之和成，而公适束之，是韩为秦、魏之门户也，是韩重而主尊矣。安成君东重于魏，而西贵于秦，操右契而为公责德于秦、魏之主，裂地而为诸侯，公之事也。

若夫安韩、魏而终身相，公之下服，此主尊而身安矣。秦、魏不终相听者也。秦怒于不得魏，必欲善韩以塞魏；魏不听秦，必务善韩以备秦，是公择布而割也。秦、魏和则两国德公；不和则两国争事公。所谓成为福，不成亦为福者也。愿公之无疑也。"

译文

有人对韩国的公仲说："双胞胎长得很相似，只有他们的母亲能分辨出他们；利与害表面上也很相似，只有明智的人才能分辨清楚。现在您的国家利、害相似，正如双胞胎长得相似一样。能用正确的方法治理国家，就可以使君主尊贵，身心安稳；否则，就将让君主卑贱，身陷危境。

"如果秦、魏两国联合成功，却不是您来促成的，那么韩国一定会遭到秦魏两国的谋算。如果韩国跟随魏国去讨好秦国，韩国就成了魏国的附庸，必将受到轻视，君主的地位就降低了。秦国和韩国友好以后，秦国一定会安置它所亲近的、信任的人，让他在韩国执掌政权，以此巩固秦国的势力。这样，您就危险了。如果您和安成君帮秦、魏联合，成功固然是福气，就算不成功也是好事。秦、魏两国联合成功，而且是由您来促成的，这样，韩国就成了秦、魏两国往来的通道，韩国的地位肯定会得到提高，君主也会更受尊重。安成君在东面受到魏国的重视，在西面得到秦国的尊崇，掌握着这样的优势，可以替您向魏、秦两国的君主索取好处，将来分封土地，成为诸侯，这是您头等的功业。

"至于使韩魏相安无事，您终身能做相国，这是您次一等的功业。这都能使国君尊贵自身安稳。再说秦魏两国不可能长期友好下去，秦国恼怒得不到魏国，必然会亲近韩国以便遏制魏国，魏国也不会永远听从秦国，一定设法和韩国修好来防备秦国，这样您就可以像选择布匹随意剪裁一样轻松应付。如果秦魏两国联合，那么两国都会感激您；如果不能联合，那么又都会争着讨好您。这就是我所说的成功了是福气，不成功也是好事的道理，希望您不要再犹豫了。"

智慧解读

韩、秦、魏三国有4种合作方式，每种合作方式，都会给公仲的利益带来不同的结果。1. 如秦、魏联合，而公仲不是作主导，那么韩国和公仲的利益都会受到损失。2. 如秦、韩联合，公仲的地位和利益就会受威胁。3. 如韩、魏联合，那么韩国和公仲都会左右逢源。4. 最好的方式就是秦、魏联合，而公仲作主导，如此韩国和公仲就会获取最大利益，受到秦、魏两国的尊崇。该位说客能深刻把握形势、洞见事情发展趋势。而且游说时条理分明，各种情况分析得透彻、清楚，最后的结论不证自明。

史疾为韩使楚

原文

史疾为韩使楚，楚王问曰："客何方所循？"曰："治列子圉寇之言。"曰："何贵？"曰："贵正。"王曰："正亦可为国乎？"曰："可。"王曰："楚国多盗，正可以圉盗乎？"曰："可。"曰："以正圉盗，奈何？"

顷间有鹊止于屋上者，曰："请问楚人谓此鸟何？"王曰："谓之鹊。"曰："谓之乌，可乎？"曰："不可。"曰："今王之国有柱国、令尹、司马、典令，其任官置吏，必曰廉洁胜任。今盗贼公行，而弗能禁也，此乌不为乌，鹊不为鹊也。"

译文

史疾为韩国出使楚国，楚王问他："您在研究什么学问？"史疾说："我在研究列御寇的学问。"楚王问："列御寇主张什么？"史疾说："主张正名。"楚王问："这也可以用来治理国家吗？"史疾说："当然可以。"楚王又问："楚国盗贼很多，用它可以防范盗贼吗？"回答说："当然可以。"楚王接着问："怎么用正名来防盗？"

这时，有只喜鹊飞来停在屋顶上，史疾问楚王："请问你们楚国人把这种鸟叫什么？"楚王说："叫喜鹊。"史疾又问："叫它乌鸦行吗？"回答说："不行。"史疾就说："现在大王的国家设有柱国、令尹、司马、典令等官职，任命官吏时，一定要求他们廉洁奉公，能胜任其职。现在盗贼公然横行却不能加以禁止，就因为各个官员不能胜任其职，这就叫做：'乌鸦不成其为乌鸦，喜鹊不成其为喜鹊啊！'"

智慧解读

在任何一个国家或者公司中，名与实，概念与实质，职位与工作，一定要相称；否则名实不符，内政管理就会出现混乱。"在其位要谋其政"，公司中的各个领导要胜任自己工作，董事长当谋划公司董事的利益和发展大方向，总经理当开展经营、拓展业务，各部门经理应各司其职做好自己的本职工作。在一个国家中，这种以本源的原则法理，来矫正被扭曲了的现实的正名工作也非常必要。作为人大代表就应该代表人民呼吁权利和正义，否则不成其为人大代表；作为政协委员就应该积极参政议政献言献策，否则也不成其为政协委员；作为各级法官，也应不循私情、私利，以"事实为根据，以法律为准绝"公正执法。国家的各级公务员，也要以实际的言行对得起"人民公仆"的名。如果做到名正，那么国家的政治生活就会更加清明、民主和进步。

公叔且杀几瑟

原文

公叔且杀几瑟也，宋赫为谓公叔曰："几瑟之能为乱也，内得父兄，而外得秦、楚也。今公杀之，太子无患，必轻公。韩大夫知王之老而太子定，必阴事之。秦、楚若无韩，必阴事伯婴。伯婴亦几瑟也。公不如勿杀。伯婴恐，必保于公。韩大夫不能必其不入也，必不敢辅伯婴以为乱。秦、楚挟几瑟以塞伯婴，伯婴外无秦、楚之权，内无父兄之众，必不能为乱矣。此便于公。"

译文

公叔准备杀掉几瑟，宋赫替几瑟对公叔说："几瑟能发动叛乱，是因为他在国内得到了大王（韩襄王）、公仲的支持，在国外得到了秦、楚两国的援助。现在如果您杀了他，公子咎（韩国太子）没有了后患，一定会轻视您。韩国的大臣们看到韩王年老，如果太子业已确定了，他们一定会在暗中讨好太子。秦、楚两国如果没能依靠几瑟得到韩国，肯定会暗中再去支持伯婴（韩襄王少子）争立太子。这样伯婴又和几瑟一样，是争夺国家大权的对手。您不如不杀几瑟。伯婴受到威胁，必定会请求得到您的保护。韩国的大臣们对几瑟返回韩国不能肯定，因此也就不敢帮助伯婴发动叛乱，秦、楚两国就会帮助几瑟来堵塞伯婴争权的道路。这样，伯婴既得不到秦、楚两国的外援，又得不到韩国大臣们的内应，肯定不能发动骚乱。这对您十分有利。"

智慧解读

维持局面要懂得把握均势，使各利益主体互相牵制，而自己能从中获利。"均势"是一个国际政治概念。它强调国际上对各国家利益权力的分配大体平衡，维持一种既定的秩序与格局。比起相互争战、相互消灭的战争状态而言，维持一种互相和平对抗、竞争的均衡格局，是一种明智之举。之所以明智，是因为由自己来主导和操纵的这种均势中，自己可以花费很少的成本就能谋得巨大的利益。在当今市场环境下的商界人士，也要具有这种大局眼光，在市场各利益团体的均势中牟取自己的利润。

楚围雍氏五月

原文

　　楚围雍氏五月。韩令使者求救于秦，冠盖相望也，秦师不下。韩又令尚靳使秦，谓王曰："韩之于秦也，居为隐蔽，出为雁行。今韩已病矣，秦师不下。臣闻之，唇亡者齿寒，愿大王之熟计之。"

　　宣太后曰："使者来者众矣，独尚子之言是。"召尚子入。宣后谓尚子曰："妾事先王也，先王以其髀加妾之身，妾困不疲也；尽置其身妾之上，而妾重也，何也？以其少有利焉。今佐韩，兵不众，粮不多，则不足以救韩。夫救韩之危，日费千金，独不可使妾少有利焉。"

　　尚靳归书报韩王，韩王遣张翠。张翠称病，日行一县。张翠至，甘茂曰："韩急矣，先生病而来。"张翠曰："韩未急也，且急矣。"甘茂曰："秦重国知王也，韩之急缓莫不知。今先生言不急，可乎？"张翠曰："韩急则折而入与楚矣，臣安敢来？"甘茂曰："先生毋复言也。"

　　甘茂人言秦王曰："公仲柄得秦师，故敢捍楚。今雍氏围，而秦师不下，是无韩也。公仲抑首而不朝，公叔且以国南合于楚。楚、韩为一，魏氏不敢不听，是楚以三国谋秦也。如此，则伐秦之形成矣。不识坐而待伐，孰与伐人之利？"秦王曰："善。"果下师于崤以救韩。

译文

　　楚军包围了韩国雍氏城长达五个月。韩襄王派众多使者向秦国求救,使者车辆络绎不绝、冠盖相望于道,秦国的军队还是不出崤山来援救韩国。韩国又派尚靳出使秦国,对秦昭王说:"韩国对于秦国来说,平时就像个屏障,有战事时就是先锋。现在韩国万分危急,但秦国不派兵相救。我听说过这样的话,'唇亡齿寒',希望大王您仔细考虑这个问题。"

　　秦宣太后说:"韩国的使者来了那么多,只有尚先生的话说得有道理。"于是召尚靳进见。宣太后对尚靳说:"我服侍惠王时,惠王把大腿压在我身上,我感到疲倦不能支撑,他把整个身子都压在我身上时,而我却不感觉重,这是为什么呢?因为这样对我来说比较舒服。秦国帮助韩国,如果兵力不足,粮食不多,就无法解救韩国。解救韩国的危难,每天要耗费数以千计的银两,难道不能让我得到一点好处吗?"

　　尚靳回国后把宣太后的话告诉了韩襄王,韩襄王又派张翠出使秦国。张翠假称自己有病,每天只走一个县。张翠到了秦国,甘茂说:"韩国已经很危急了,而先生还抱病前来。"张翠说:"韩国还没有到危急的时刻,只是快要危急了而已。"甘茂说:"秦国堂堂大国,秦王智慧圣明,韩国的危急之事秦国没有不知道的。现在先生却说韩国并不危急,这样行吗?"张翠说:"韩国一旦危急就转向归顺楚国了,我怎么还敢来秦国?"甘茂说:"先生不要再说了。"。

　　甘茂进宫对秦昭王说:"公仲以为能够得到秦国的援助,所以才敢抵御楚国。现在雍氏被围攻,而秦军不肯去援救,这就势必要失去韩国。公仲因为得不到秦国的援救而忧郁不上朝，公叔就会趁机让韩国向南去跟楚国讲和。楚国和韩国结为一体，魏国就不敢不听从，这样一来楚国就可以用这三个国家的力量来图谋秦国。这样，它们共同进攻秦国的形势就形成了。我不知坐等别人来进攻有利，还是主动进攻别人有利？"秦昭王说："不错。"秦军终于从崤山出兵去解救韩国。楚国很快从韩国撤军了。

智慧解读

秦国本想在救助韩国前捞到土地等众多好处，但让张翠的巧妙说辞和毫不低三下气的姿态所迷惑，终于无条件地出兵援韩。张翠一改以前使者的急促、积极和低下的姿态，在秦国前面有些怠慢、有些架子，这反而引起了秦国的重视。最关键的，张翠又以要与楚国讲和来试探、胁迫秦国，这一招果然管用，秦国不想丢失昔日的盟友，更不想让盟友跟敌人联合。如此张翠由被动地位很快转化为主动地位，秦国只能以积极的援助行动来拉拢韩国了。

现实人情世故，也大都如此。人性中的利益权衡、自私自利等否定性的东西太多，所以用唤醒对方同情心的方式很难奏效，倒是采取否定的、或惩罚的方式，倒容易使应该帮你的人就范。化被动为主动，就像年轻人追求异性，一味地追人家，反而让人家轻视你，而不时摆摆高姿态、甚至造成其他异性追你的假相，就会使你追求的对象开始看重你、仰视你。人性复杂，要想成事，必然要懂得如何驾御人心。

张仪为秦连横说韩王

原文

张仪为秦连横说韩王曰："韩地险恶，山居，五谷所生，非麦而豆；民之所食，大抵豆饭藿羹；一岁不收，民不厌糟糠；地方不满九百里，无二岁之所食。料大王之卒，悉之不过三十万，而厮徒负养在其中矣，为除守徼亭障塞，见卒不过二十万而已矣。秦带甲百余万，车千乘，骑万匹，虎挚之士，跿跔科头，贯颐奋戟者，至不可胜计也。秦马之良，戎兵之众，探前趚后，蹄间三寻者，不可称数也。山东之卒，被甲冒胄以会战，秦人捐甲徒裎以趋敌，左挈人头，右挟生虏。夫秦卒之与山东之卒也，犹孟贲之与怯夫也；以重力相压，犹乌获之与婴儿也。夫战孟贲、乌获之士，以攻不服之弱国，无以异于堕千钧之重，集于鸟卵之上，必无幸矣。诸侯不料兵之弱，食之寡，而听从人之甘言好辞，比周以相饰也，皆言曰："听吾计则可以强霸天下。"夫不顾社稷之长利，而听须臾之说，诖误人主者，无过于此者矣。大王不事秦，秦下甲据宜阳，断绝韩之上地；东取成皋、宜阳，则鸿名之宫，桑林之苑，非王之有已。夫塞成皋，绝上地，则王之国分矣。先事秦则安矣，不事秦则危矣。夫造祸而求福，计浅而怨深。逆秦而顺楚，虽欲无亡，不可得也。故为大王计，莫如事秦。秦之所欲，莫如弱楚，而能弱楚者莫如韩。非以韩能强于楚也，其地势然也。今王西面而事秦以攻楚，为敝邑，秦王必喜。夫攻楚而私其地，转祸而说秦，计无便于此者也。是故秦王使使臣献书大王御史，顺以决事。"

韩王曰："客幸而教之，请比郡县，筑帝宫，祠春秋，称东藩，效宜阳。"

译文

张仪为秦国连横游说韩王说："韩国地势险恶，处于山区，出产的粮食不是麦子就是豆子；老百姓吃的，大部分是豆做的饭和豆叶做的汤；如果哪一年收成不好，百姓就连酒糟和谷也皮吃不上。土地纵横不到九百里，粮食储备也不够吃两年。估计大王的兵力总共不到三十万，其中连杂役和苦力也算在内了，如果除去守卫边境哨所的人，现有的土兵不过二十万罢了。而秦国的军队有百余万，战车千辆，战马万匹。奔腾跳跃，高擎战戟，甚至不带铠甲冲人敌阵的战士不可胜数。秦国战马优良，士兵众多。战马探起前蹄蹬起后腿，两蹄之间一跃可达三寻，这样的战马不在少数。崤山以东的诸侯军队，披盔戴甲来会战，秦军却可以不穿铠甲赤身露体地冲锋上阵，左手提着人头，右手抓着俘虏凯旋。由此可见，秦国的士兵与山东六国的士兵相比，犹如勇士和懦夫相比；用重兵压服六国，就像大力士乌获对付婴儿一般容易。用孟贲和乌获这样的勇士去攻打不驯服的弱国，无异于把千钧重量压在鸟蛋上，肯定无一幸免。各国诸侯根本不考虑自己兵力弱、粮食少的现状，却听信鼓吹合纵者的甜言蜜语，合纵家们互相勾结，标榜欺骗，都说什么：'听从我的计谋就可以雄霸天下了。'却并不顾及国家的长远利益，只听信一时的空话，贻误君主，这太严重了。大王如果不归顺秦国，秦必定发兵占领宜阳，断绝韩国上党的交通；东进夺取成皋和宜阳，那大王就将失去鸿台宫、桑林苑。秦军封锁成皋、截断上党，那大王的国土岂不是被分割开来了？先归顺秦国就能安全，否则就会招来祸患。那种正在制造灾祸却又想得到好报，计谋浅陋而结怨太深，违背秦国去顺从楚国的做法，哪能不灭亡呢？所以替大王您考虑，不如归顺秦国。秦国所希望的，不过是削弱楚国，而能使楚国削弱的，莫过于韩国了。不是因为韩国比楚国强大，而是韩国在地势上占有优势。如今大王可到西方归服秦国，为敌国攻打楚国，秦王一定会很高兴。这样，攻打楚国而占有它的土地，不但转祸为福，而且取悦了秦王，没有比这更有利的计策了。因此秦王派使臣献书信一封给大王的御史，但愿大王能有明智的裁决。"

韩王说："幸承您的教诲，我愿意让韩国做秦国的一个郡县，修建秦王行宫，春秋助祭，作东方的藩臣，并将宜阳献给秦国。"

智慧解读

同是一个韩国，由张仪来说简直一文不值，民贫国弱、军队废弛、毫无战斗力，但是在苏秦说来却是兵强马壮、极富战斗力。这就是语言的魔力，语言完全可以改变对事实的看法。人们只生活在语言传播的世界中，传播决定了事实真相。语言作为一种传播方式，对事实真相会起到支配、改变和颠倒的作用。苏秦、张仪对事实的不同解释和渲染，改变和左右着韩王对自己国力、天下大势的看法。最后，张仪对秦国暴力的渲染和秦国武力的赤裸裸威胁对韩王发生了作用，韩王由于内心的软弱，终于屈服在暴秦面前。

苏秦为楚合从说韩王

原文

苏秦为楚合从，说韩王曰："韩北有巩、洛、成皋之固，西有宜阳、常阪之塞，东有宛、穰、洧水，南有陉山，地方千里，带甲数十万。天下强弓劲弩，皆自韩出。溪子、少府、时力、距来，皆射六百步之外。韩卒超足而射，百发不暇止，远者达胸，近者掩心。韩卒之剑戟，皆出于冥山、棠溪、墨阳、合伯膊。邓师、宛冯、龙渊、大阿，皆陆断马牛，水击鹄雁，当敌即斩坚。甲、盾、鞮、鍪、铁幕、革抉、咙芮，无不毕具。以韩卒之勇，被坚甲，跖劲弩，带利剑，一人当百，不足言也。夫以韩之劲，与大王之贤，乃欲西面事秦，称东藩，筑帝宫，受冠带，祠春秋，交臂而服焉，夫羞社稷而为天下笑，无过此者矣。是故愿大王之熟计之也。

"大王事秦，秦必求宜阳、成皋。今兹效之，明年又益求割地。与之，即无地以给之；不与，则弃前功而后更受其祸。且夫大王之地有尽，而秦之求无已。夫以有尽之地而逆无已之求，此所谓市怨而买祸者也，不战而地已削矣。臣闻鄙语曰：'宁为鸡口，无为牛后。'今大王西面交臂而臣事秦，何以异于牛后乎？夫以大王之贤，挟强韩之兵，而有牛后之名，臣窃为大王羞之。"

韩王忿然作色，攘臂按剑，仰天太息曰："寡人虽死，必不能事秦。今主君以楚王之教诏之，敬奉社稷以从。"

译文

苏秦为赵国组织合纵联盟，游说韩王说："韩国北面有巩地、洛邑、成皋这样坚固的边城，西面有宜阳、常阪这样险要的关塞，东面有宛地、穰地和洧水，南面有陉山，土地纵横千里，士兵几十万。普天之下的强弓劲弩，都是韩国的产物，比如溪子和少府、时力和距来这些良弓都能射到六百步以外。韩国士兵举足踏地发射，连续发射多次也不停歇，远处的可射中胸膛，近处可射穿心脏。韩国士兵使用的剑和戟都出自冥山、棠溪、墨阳、合伯等地。邓师、宛冯、龙渊、太阿等宝剑，在陆地上都能砍杀牛马，在水里截击天鹅和大雁，面对敌人可击溃强敌。至于说铠甲、头盔、臂衣、扳指、系盾的丝带等，韩国更是无不具备。凭着韩国士兵的勇敢，穿上坚固的铠甲，脚踏强劲的弩弓，佩带锋利的宝剑，一个人抵挡上百人，不在话下。凭着韩国的强大和大王您的贤明，竟然想要投向西方服事秦国，自称是秦国东方的属国，给秦王修筑行宫，接受封赏，春秋两季向秦进贡祭品，拱手臣服，使整个国家蒙受耻辱以致被天下人耻笑，没有比这更严重的问题了。所以希望大王您认真考虑这个问题。

大王如果屈服于秦国，秦一定会索取宜阳、成皋。今年把土地献给它，明年又会得寸进尺，要求更多的土地。给它吧，又没有那么多来满足它；不给吧，就前功尽弃，以后遭受秦国侵害。况且大王的土地有穷尽，而秦国的贪欲却没有止境。拿着有限的土地去迎合那无止境的贪欲，这就是说自己去购买怨恨和灾祸啊，用不着交战就会丧失领土。我听俗语说：'宁肯当鸡嘴，也不要做牛腚。'现在大王您如果投向西方，拱手屈服，像臣子一样服从秦国，这跟做牛腔又有什么区别呢？以大王您的贤能，又拥有这么强大的军队，却有做牛腔的丑名，我私下里为您感到惭愧。"

韩王气得脸色大变，挥起胳膊，按住手中的宝剑，仰天叹息："我就算是死了，也一定不屈服于秦国。现在多亏先生把赵王的教诲告诉我，那么请允许我让全国上下听从吩咐。"

智慧解读

"宁为鸡口，无为牛后"。这是一句叫弱者不依附于强者，独立自尊的格言。人贵在自立，如果自己不自主独立，那么肯定会受尽欺侮、长期生活在强权的阴影下。所以只要有一线希望，能够独立自主就独立自主。苏秦的合纵，从另一方面讲，实际上就是唤醒各诸侯独立意识和自尊自强精神的活动。所以他要大肆渲染韩国武器的精良、士兵的强大，极力夸张臣服秦国的屈辱和恶果，他的语言雄壮有力、犀利流畅、气势逼人，带来了巨大的感染力与说服力，不愧为中国历史上最有名气的雄辩家。

秦王使人谓安陵君

原文

秦王使人谓安陵君曰："寡人欲以五百里之地易安陵，安陵君其许寡人。"安陵君曰："大王加惠，以大易小，甚善。虽然，受地于先生，愿终守之，弗敢易。"秦王不说。安陵君因使唐且使于秦。

秦王谓唐且曰："寡人以五百里之地易安陵，安陵君不听寡人，何也？且秦灭韩亡魏，而君以五十里之地存者，以君为长者，故不错意也。今吾以十倍之地请广于君，而君逆寡人者，轻寡人与？"唐且对曰："否，非若是也。安陵君受地于先生而守之，虽千里不敢易也，岂直五百里哉？"

秦王怫然怒，谓唐且曰："公亦尝闻天子之怒乎？"唐且对曰："臣未尝闻也。"秦王曰："天子之怒，伏尸百万，流血千里。"唐睢曰："大王尝闻布衣之怒乎？"秦王曰："布衣之怒，亦免冠徒跣，以头抢地尔。"唐睢曰："此庸夫之怒也，非士之怒也。夫专诸之刺王僚也，彗星袭月；聂政之刺韩傀也，白虹贯日；要离之刺庆忌也，苍鹰击于殿上。此三子者，皆布衣之士也，怀怒未发，休寝降于天，与臣而将四矣。若士必怒，伏尸二人，流血五步，天下缟素，今日是也。"挺剑而起。

秦王色挠，长跪而谢之曰："先生坐，何至于此！寡人谕矣。夫韩、魏灭亡，而安陵以五十里之地存者，徒以先生也。"

译文

秦王派使者对安陵君说："我想用方圆五百里的土地换取安陵，安陵君可要答应我！"安陵君说："大王施加恩惠，以大换小，这非常好。但是我从先王那里继承了这块土地，愿意始终守着它，不敢换掉。"秦王很不高兴。安陵君因此派唐睢出使秦国。

秦王对唐睢说："我拿五百里的土地换取安陵，安陵君不答应我，这是为什么？秦国消灭了韩国和魏国，只有安陵君凭着五十里的土地生存下来，那是因为我认为他是忠厚长者，所以没有把他放在心上。如今我拿十倍的土地希望同安陵君交换，他却违抗我，不是看不起我吗？"唐雎说："不，不是这样的。安陵君从先王手里继承了封地并保有它，即使一千里也是不敢换掉的，何况只是五百里？"

秦王勃然大怒，对唐雎说："您可听说过天子的发怒吗？"唐雎说："我没听说过。"秦王说："天子发怒，伏尸一百万，流血一千里！"唐雎说："大王听说过平民的发怒吗？"秦王说："平民的发怒，不过是摘下帽子，光着脚，拿脑袋撞地罢了。"唐雎说："这是庸人的发怒，不是士人的发怒。当专诸刺杀王僚时，慧星遮盖了月亮；聂政刺杀韩傀时，白虹穿过了太阳；要离刺杀庆忌时，苍鹰在宫殿上扑击。这三个人，都是平民中的士人，满腔的怒气还没有发泄出来，预兆就从天而降，加上我就是四个人了。所以士人要发怒，两具尸首就要倒下，五步之内鲜血四溅，天下人穿白戴孝，今天就要这样了。"说着便拔出剑站了起来。

秦王脸色大变，挺起身跪着向唐雎道歉说："先生坐下！何至于这样呢？我明白了：韩国、魏国灭亡，可是安陵凭着五十里土地安然无事，只是因为有先生在啊。"

智慧解读

唐雎的浩然正气、慷慨陈词使他流芳百世。他在论辩时的气势完全压倒了骄狂的秦王。他的这种仗义执言，就是借助道义的力量，传播勇气与正义，令一切利诱威逼相形见绌，他赋予论辩以正义凛然的人格魅力，把宣传真理与弘扬正气融为一体，使人的内在本质精神得到弘扬，使人的个性风采、精神世界得到了展示。这正是论辩决胜的法宝。唐雎不畏强暴、蔑视强权、敢于与专制暴君抗争的正义之气，使他的人格显得无比伟大、使他的论辩显得无比有力。

魏王欲攻邯郸

原文

魏王欲攻邯郸，季梁闻之，中道而反，衣焦不申，头尘不去，往见王曰："今者臣来，见人于大行。方北面而持其驾，告臣曰：'我欲之楚。'臣曰：'君之楚，将奚为北面？'曰：'吾马良。'臣曰：'马虽良，此非楚之路也。'曰：'吾用多。'臣曰：'用虽多，此非楚之路也。'曰：'吾御者善。'此数者愈善，而离楚愈远耳！"今王动欲成霸王，举欲信于天下。恃王国之大，兵之精锐，而攻邯郸，以广地尊名，王之动愈数，而离王愈远耳。犹至楚而北行也。"

译文

魏王准备攻打邯郸，季梁听到这件事，半路上就返回来，来不及舒展衣服皱褶，顾不得洗头上的尘土，就忙着去谒见魏王，说："今天我回来的时候，在大路上遇见一个人，正在向北面赶他的车，他告诉我说：'我想到楚国去。'我说：'您既然要到楚国去，为什么往北走呢？'他说：'我的马好。'我说：'马虽然不错，但是这也不是去楚国的路啊！'他说：'我的路费多。'我说：'路费即使多，但这不是去楚国的方向啊。'他又说：'我的车夫善于赶车。'我最后说：'这几样越好，反而会使您离楚国越远！'如今大王的每一个行动都想建立霸业，每一个行动都想在天下取得威信；然而依仗魏国的强大，军队的精良，而去攻打邯郸，以使土地扩展，名分尊贵，大王这样的行动越多，那么距离大王的事业无疑是越来越远。这不是和那位想到楚国去却向北走的人一样的吗？"

智慧解读

季梁为了打动魏王，来了个现身说法，以自己的经历，带出了南辕北辙的故事，形象地说明了魏王的行动与自己的目的背道而驰的道理。其实这个故事并不一定就发生在季梁身上，他之所以与自己的亲身经历相联系；是为了让故事显得生动和真实，从而更具有说服力。我们在说服他人时不妨也用这种说法，将一些故事、案例融入自己的亲身经历，这样就更容易打动人。

长平之役

原文

长平之役，平都君说魏王曰："王胡不为从？"魏王曰："秦许

吾以垣雍。"平都君曰:"臣以垣雍为空割也。"魏王曰:"何谓
也?"平都君曰:"秦、赵久相持于长平之下而无决。天下合于秦,
则无赵;合于赵,则无秦。秦恐王之变也,故以垣雍饵王也。秦战
胜赵,王敢责垣雍之割乎?"王曰:"不敢。""秦战不胜赵,王能
令韩出垣雍之割乎?"王曰:"不能。""臣故曰,垣雍空割也。"魏
王曰:"善。"

译文

秦、赵长平之战时,平都君劝魏安王说:"大王为何不实行合
纵呢?"魏王说:"因为秦国答应让韩国把垣雍归还给我们。"平都
君说:"我认为归还垣雍不过是一句空话。"魏王说:"这是什么意
思?"平都君:"秦赵长久地相持在长平城下,不能决出胜负。诸侯
若和秦国联合,赵国就会灭亡;若和赵国联合,秦国就会灭亡。秦
国担心大王改变原意,所以用垣雍来引诱大王。秦国如果战胜了赵
国,大王敢向秦国索取垣雍吗?"魏王说:"不敢。"平都君说:
"秦国如果不能战胜赵国,大王能让韩国交出垣雍吗?"魏王说:
"不能。"平都君说:"所以我说归还垣雍是句空话。"魏王说:
"对。"

智慧解读

用这种选言推理的方法,可以穷尽一切可能的情况,使对方明
白最终的结果。人在利益诱惑前面会变得糊涂甚至弱智,堂堂的一
国之君都被人家像哄小孩一样欺骗,何况我们这些普通人。因此当

出现利益诱惑时我们一定要挺得住。而那些明智之士，能轻易洞穿利益背后的谎言，三言两语，就会将事情结果挑明。

秦攻韩之管

原文

　　秦攻韩之管，魏王发兵救之。昭忌曰："夫秦强国也，而韩、魏壤梁。不出攻则已，若出攻，非于韩也必魏也。今幸而于韩，此魏之福也。王若救之，夫解攻者，必韩之管也；致攻者，必魏之梁也。"魏王不听，曰："若不因救韩，韩怨魏，西合于秦，秦、韩为一，则魏危。"遂救之。

　　秦果释管而攻魏。魏王大恐，谓昭忌曰："不用子之计而祸至，为之奈何？"昭忌乃为之见秦王曰："臣闻明主之听也，不以挟私为政，是参行也。愿大王无攻魏，听臣也。"秦王曰："何也？"昭忌曰："山东之众，时合时离，何也哉？"秦王曰："不识也。"曰："天下之合也，以王之不必也；其离也，以王之必也。今攻韩之管，国危矣，未卒而移兵于梁，合天下之从，无精于此者矣。以为秦之求索，必不可支也。故为王计者，不如齐赵，秦已制赵，则燕不敢不事秦，荆、齐不能独从。天下争敌于秦，则弱矣。"秦王乃止。

译文

　　秦国攻打韩国的管城，魏王发兵救援韩国。昭忌对魏王说：

"秦国是强国，而韩魏与秦国接壤。秦国不发兵进攻则罢，如果发兵，矛头不对准韩国，必对准魏国。如今幸而进攻韩国，这是魏国的幸运。大王如果救援韩国，那么解除围攻的，必定是韩国的管城；招致进攻的，必定是魏国的大梁了。"魏王不听劝告，说："如果不趁此时去营救韩国，韩国将要怨恨魏国，它向西和秦联合，结成一体，那么魏国不就危险了吗？"于是就去救助韩国，秦国果然扔下管邑来攻打魏国。魏王惊恐万分，对昭忌说："我没有采纳您的意见，结果大祸临头，这该如何是好呢？"

昭忌就为这件事去见秦王说："我听说英明的君王听政的时候，不根据私见治理国家，希望大王不要进攻魏国，听信我的意见吧。"秦王说："为什么呢？"昭忌回答说："崤山以东的六国，时而联合，时而分离，为什么呢？"秦王说："不清楚。"昭忌说："天下诸侯之所以联合，是因为大王攻击目标还没确定；它们的分裂，是因为大王进攻目标已经确定了。如今秦国攻打韩国管城，韩国就危险了，可是还没有个结果就把军队移向魏国，那么诸侯要组织合纵联盟的想法，没有比这时更强烈的了。各国都认为秦国如此贪得无厌，肯定不会支助您。所以替大王考虑，不如去制服赵国。如果控制赵国，那燕国也不得不服从您，楚和齐就不能单独合纵。如果天下诸侯争着与秦国为敌，那么秦国就要衰弱下去。"秦王于是停止攻魏。

智慧解读

昭忌有先见之明，指出要发生的祸患，他也有应急的策略，一旦真的出现了祸患，他很快也就有办法对付。这种腹有良谋、尽忠国事的国家干臣，是国家的幸运。在国际事务中，国家的安全和利益在险恶的国际环境中尤显重要，如果国家不强大，那只能发奋自强，尽量避免与那些以强凌弱、以势压人的强国直接交锋，甚至应该把祸水引向其他国家。

魏王问张旄

原文

魏王问张旄曰："吾欲与秦攻韩，何如？"张旄对曰："韩且坐而胥亡乎？且割而从天下乎？"王曰："韩且割而从天下。"张旄曰："韩怨魏乎？怨秦乎？"王曰："怨魏。"张旄曰："韩强秦乎？强魏乎？"王曰："强秦。"张旄曰："韩且割而从其所强，与所不怨乎？且割而从其所不强，与其所怨乎？"王曰："韩将割而从其所强，与其所不怨。"张旄曰："攻韩之事，王自知矣。"

译文

魏王问张旄说："我想联合秦国攻打韩国，如何？"张旄回答说："韩国是准备坐等亡国呢，还是割让土地、联合天下诸侯反攻呢？"魏王说："韩国一定会割让土地，联合诸侯反攻。"张旄说："韩国恨魏国，还是恨秦国？"魏王说："怨恨魏国。"张旄说："韩国是认为秦国强大呢，还是认为魏国强大呢？"魏王说："认为秦国强大。"张旄说:"韩国是准备割地依顺它认为强大的和无怨恨的国家呢,还是割地依顺它认为不强大并且心有怨恨的国家呢?"魏王说:"韩国会将土地割让给它认为强大并且无怨恨的国家。"张旄说:"攻打韩国的事,大王您应该明白了吧!"

智慧解读

张旄没有直接了当向魏王指出不应该联合秦国攻打韩国,没有像一般游说那样,先亮出自己观点,然后论证自己观点。他把观点隐藏在最后,甚至到最后也没有直接说出来,但魏王已经心领神会。采取这种设问的游说方法,可以强化论点,使对方心服口服。设问实际上是将一般游说方法倒置的一种方法。先通过互相问答一步步论证、一步步接近论点,最后自然而然地亮出自己观点。这种富有谋略特色的游说方式,我们善加运用,也会受到很好的效果。

献书秦王

原文

献书秦王曰:"昔窃闻大王之谋出事于梁,谋恐不出于计矣,愿大王之熟计之也。梁者,山东之要也。有蛇于此,击其尾,其首救;击其首,其尾救;击其中身,首尾皆救。今梁王,天下之中身也。秦攻梁者,是示天下要断山东之脊也,是山东首尾皆救中身之时也。山东见亡必恐，恐必大合，山东尚强，臣见秦之必大忧可立而待也。

臣窃为大王计，不如南出。事于南方，其兵弱，天下必能救，地可广大，国可富，兵可强，主可尊。王不闻汤之伐桀乎？试之弱密须氏以为武教，得密须氏而汤之服桀矣。今秦国与山东为仇，不先以弱为武教，兵必大挫，国必大忧。"秦果南攻兰田、鄢、郢。

译文

有人上书给秦昭王说："我听说大王谋划出兵魏国，这个计划恐怕不妥当，希望大王慎重考虑一下。魏国犹如山东六国的腰部。譬如这里有一条蛇，你打它的尾，它的头就会来救护；你打它的头，它的尾巴就会来救护；打击它的腰部，首尾都会来救护。现在的魏国就好比是天下诸侯的腰身。秦国要攻打魏国，就是向天下人显示要腰斩山东六国的脊梁，这显然也将造成山东六国'首尾皆救腰身'的局面。山东六国必定害怕被消灭，只要一害怕，必定广泛联合在一起。六国的力量还很强大，我看秦国一定很快就要遭受巨大的忧患了。

我私下替大王考虑，不如向南方出兵。矛头对准楚国，楚国兵力弱，诸侯必定不能相救。这样，秦国的领土就可以扩大，国家能够富足，兵力会加强，君王也能受到天下人的尊崇。大王听说过商汤讨伐夏桀的事吗？他先对弱小的密须国用兵，以此训练和整顿自己的军事力量，等攻下密须国以后，商汤认为可以征服夏桀了。现在秦国与山东六国为敌，如果不以弱国来训练战斗力量，那么军队必将遭受严重挫伤，国家必定面临更大的忧患。"秦兵果然取道兰田，攻打楚国鄢、郢二城。

智慧解读

战国说客最善于运用的说话技巧就是类比与典故。用类比非常形象，不需要牵涉一堆政治学理论，直接说明问题。用典故也是非常的直接，用相同处境下的古人处理事务的成功案例，作出示范和引导，不言而喻地说服对方应该如何处理问题。我们在说话前要多花时间考虑如何说话，多在自然界、社会历史当中寻找有利于我们说话的现象和事例，然后加以运用，会收到奇效。

秦使赵攻魏

原文

秦使赵攻魏，魏谓赵王曰："攻魏者，亡赵之始也。昔者晋人欲亡虞而伐虢，伐虢者，亡虞之始也。故荀息以马与璧假道于虞，宫之奇谏而不听，卒假晋道。晋人伐虢，反而取虞。故《春秋》书之，以罪虞公。今国莫强于赵，而并齐、秦，王贤而有声者相之，所以为腹心之疾者，赵也。魏者，赵之虢也；赵者，魏之虞也。听秦而攻魏者，虞之为也。愿王熟计之也。"

译文

秦国要赵国攻打魏国，魏王对赵王说："赵国攻打魏国是赵国灭亡的开始。从前，晋国想要灭掉虞国就先攻打虢国，攻打虢国就是灭掉虞国的开始。所以在晋国大夫荀息拿出宝马和玉璧向虞国借通道时，虞国相国宫之奇劝说虞公，但没听取，最后借道给晋国，晋国灭掉虢国后，在返国途中就灭掉了虞国。所以《春秋》记载了这件事，特别责备了虞公。现在诸侯中没有比赵国更强，而能与齐、秦并驾齐驱的，赵王既贤明又得到有声望的人辅佐，所以秦国的心腹之患就是赵国。魏、赵两国同虞、虢两国一样，是唇齿相依的关系，唇亡则齿寒。听任秦国来攻打魏国，就等于从前虞国借道给晋国攻打虢国一样，会自取灭亡，希望大王深思熟虑。"

智慧解读

春秋时期离战国时代不远，春秋发生的许多事情对战国各国都有很大的启示意义。春秋有名的晋国借道攻打虢国、灭亡虞国的典故说明了唇齿相依、唇亡齿寒的道理。此理对现代社会的我们也有很大启发意义，在广交朋友、同盟的同时要善待这种联盟关系，自己损害这种关系的，到头来吃亏的还是自己。团结就是力量，联盟才会具有巨大的抵抗力、竞争力。

齐欲伐魏

原文

齐欲伐魏，魏使人谓淳于髡曰："齐欲伐魏，能解魏患，唯先生也。敝邑有宝璧二双，文马二驷，请致之先生。"淳于髡曰：
"诺。"入说齐王曰："楚，齐之仇敌也；魏，齐之与国也。夫伐与
国，使仇敌制其余敝，名丑而实危，为王弗取也。"齐王曰：
"善。"乃不伐魏。

　　客谓齐王曰："淳于髡言不伐魏者，受魏之璧、马也。"王以谓
淳于髡曰："闻先生受魏之璧、马，有诸？"曰："有之。""然则先
生之为寡人计之何如？"淳于髡曰："伐魏之事不便，魏虽刺髡，于
王何益？若诚不便，魏虽封髡，于王何损？且夫王无伐与国之诽，
魏无见亡之危，百姓无被兵之患，髡有璧、马之宝，于王何伤乎？"

译文

　　齐国欲攻打魏国，魏国就派人游说齐国大臣淳于髡："齐国欲
攻打魏国，能解除魏国祸患的，只有先生您。敝国有宝璧二双，两
辆四马拉的纹彩马车，请让我送给先生。"淳于髡说："好吧。"于
是进宫劝说齐王道："楚国是齐国的仇敌，魏国是齐国共患难的友
邦。攻打友邦，却让仇敌乘机来进攻自己疲惫的军队，这样做，名
声不好而且也招来危险，我认为大王不该这样做。"齐王说：
"好。"于是就不去讨伐魏国。

　　有人对齐王说："淳于髡劝您不攻打魏国，原因在于他接受了
魏国的璧玉和宝马啊。"齐王即刻问淳于髡说："听说先生接受了魏
国的璧玉和宝马，有这事吗？"淳地髡说："有这事。"齐王说：
"既然这样，那么先生为我所出的主意怎么样呢？"淳于髡说："如
果攻打魏国有利于齐国，魏国即使刺死我，对大王又有什么好处
呢？如果知道攻打魏国真的不利于齐国，魏国即使封赏了我，对大

王又有什么损失呢？况且不攻打魏国，大王就没有攻打友邦的罪名，而魏国也没有被灭亡的危险，百姓更不会遭受兵祸，我得了玉璧和宝马，对于大王又有什么损伤呢？"

智慧解读

淳于髡巧舌如簧，不仅改变了齐国的进兵方略，而且也改变了齐王对他受贿一事的看法。受贿当然是一件不光彩的事情，但是淳于髡认为它与国家进兵方略来比显得微不足道，甚至毫无关系，"我"提的意见真的是不错的建议，这与"我"受贿与否毫无关系。事实本身不能言说自己，只有人的语言给事实以不同的解释和说明。只要学会解释，任何事实的意义都会变得对你有利。

梁王魏婴觞诸侯于范台

原文

梁王魏婴觞诸侯于范台。酒酣，请鲁君举觞。鲁君兴，避席择言曰："昔者帝女令仪狄作酒而美，进之禹，禹饮而甘之，遂疏仪狄，绝旨酒，曰：'后世必有以酒亡其国者。'齐桓公夜半不嗛，易牙乃煎敖燔炙，和调五味而进之，桓公食之而饱，至旦不觉，曰：'后必有以味亡其国者。'晋文公得南之威，三日不听朝，遂推南之威而远之，曰：'后世必以色亡其国者。'楚王登强台而望崩山，左

江而右湖，以临彷徨，其乐忘死，遂盟强台而登，曰：'后世必有
以高台陂池亡其国者。'今主君之尊，仪狄之酒也；主君之味，易
牙调也；左白台而右闾须，南威之美也；前夹林而后兰台，强台之
乐也。有一于此，足以亡国。今主君兼此四者，可无戒与！"梁王
称善相属。

译文

梁惠王魏婴在范台宴请各国诸侯。酒兴正浓的时候，梁惠王向
鲁共公敬酒。鲁共公站起身，离开自己的坐席，正色道："从前，
舜的女儿仪狄擅长酿酒，酒味醇美。仪狄把酒献给了禹，禹喝了之
后也觉得味道醇美。但因此就疏远了仪狄，戒绝了美酒，并且说
道：'后代一定有因为美酒而使国家灭亡的。'齐桓公有一天夜里觉
得肚子饿，想吃东西。易牙就煎熬烧烤，做出美味可口的菜肴给他
送上，齐桓公吃得很饱，一觉睡到天亮还不醒，醒了以后说：'后
代一定有因贪美味而使国家灭亡的。'晋文公得到了美女南之威，
三天没有上朝理政，于是就把南之威打发走了，说道：'后代一定
有因为贪恋美色而使国家灭亡的。'楚灵王登上强台远望崩山，左
边是长江，右边是大湖，登临徘徊；惟觉山水之乐而忘记人之将
死，于是发誓不再游山玩水。后来他说：'后代一定有因为修高台、
山坡、美池，而致使国家灭亡的。'现在您酒杯里盛的好似仪狄酿
的美酒；桌上放的是易牙烹调出来的美味佳肴；您左边的白台，右
边的闾须，都是南之威一样的美女；您前边有夹林，后边有兰台，
都是强台一样的处所。这四者中占有一种，就足以使国家灭亡，可
是现在您兼而有之，能不警戒吗？"梁惠王听后连连称赞谏言非常

之好。

智慧解读

向君王谏言要选择时间、地点和道具。在美酒、美味、美女、美景俱在的情况下，鲁共公以上述事物为现成道具，历数过去君王大禹与美酒、齐桓公与美味、晋文公与美女南之威、楚灵王与美景楼台的典故和他们留给后人的警言。事例生动、人物话语逼真，足以收到了巨大的说服效果。所以我们在说服他人时一定要选择时间、地点，就地取材，而且拿来作论证的案例也要丰富、具有代表性。

庞葱与太子质于邯郸

原文

庞葱与太子质于邯郸，谓魏王曰："今一人言市有虎，王信之乎？"王曰："否。""二人言市有虎，王信之乎？"王曰："寡人疑之矣。""三人言市有虎，王信之乎？"王曰："寡人信之矣。"庞葱曰："夫市之无虎明矣，然而三人言而成虎。今邯郸去大梁也远于市，而议臣者过于三人矣。愿王察之矣。"王曰："寡人自为知。"于是辞行，而谗言先至。后太子罢质，果不得见。

译文

庞葱要陪太子到邯郸去做人质,庞葱对魏王说:"现在,如果有一个人说街市上有老虎,您相信吗""魏王说:"不相信。"庞葱说:"如果是两个人说呢?"魏王说:"那我就要疑惑了。"庞葱又说:"如果增加到三个人呢,大王相信吗?"魏王说:"我相信了。"庞葱说:"街市上不会有老虎那是很清楚的,但是三个人说有老虎,就像真有老虎了。如今邯郸离大梁;比我们到街市远得多,而毁谤我的人超过了三个。希望您能明察秋毫。"魏王说:"我知道该怎么办。"于是庞葱告辞而去,而毁谤他的话很快传到魏王那里。后来太子结束了人质的生活,庞葱果真不能再见魏王了。

智慧解读

语言世界与真实世界是不同的,语言并不能指称真实。但语言却是达到真实世界的惟一手段,真实世界只能靠语言来揭示、诠释。谋略的产生,就在于语言世界和真实世界的不对称性、依赖性上。事实可以由语言传播来改变、调遣甚至颠覆。认识具有危险性的语言,谨慎地对待语言,是为人处世的明智之举。

这是一个很有启发意义的寓言,今天我们称之为"三人成虎",谣言就是这样产生的。

众口铄金,积毁销骨。所以企业要做好危机攻关。

汶川大地震期间,因为捐款问题,万科遭遇了众多网民和股东的置疑,股价下跌。根据世界品牌实脸室发布的报告,万科因为

"捐款门"事件，品牌价值比2007年缩水了12.31亿元。2008年6月5日，万科召开2008年第一次临时股东大会，大会的惟一主题是"灾区灾后安置及重建"。王石的真诚道歉和行动使得万科危机得以化解。

对于企业来说，一个人说企业不好，对企业构不成威胁，当大家都说不好的时候，企业就危险了。

魏惠王死

原文

魏惠王死，葬有日矣。天大雨雪，至于牛目，坏城郭，且为栈道而葬。群臣多谏太子者，曰："雪甚如此而丧行，民必甚病之。官费又恐不给，请驰期更日。"太子曰："为人子，而以民劳与官费用之故，而不行先生之丧，不义也。子勿复言。"

群臣皆不敢言，而以告犀首。犀首曰："吾未有以言之也，是其唯惠公乎！请告惠公。"

惠公曰："诺。"驾而见太子曰："葬有日矣。"太子曰："然。"惠公曰："昔王季历葬于楚山之尾，水啮其墓，见棺之前和。文王曰：'嘻！先君必欲一见群臣百姓也夫，故使水见之。'于是出而为之张于朝，百姓皆见之，三日而后更葬。此文王之义也。今葬有日，而雪甚，及牛目，难以行，太子为及日之故，得毋嫌于欲亟葬乎？愿太子更日。先王必欲少留而扶社稷、安黔首也，故使雪甚。

因驰期而更为日，此文王之义也。若此而弗为，意者羞法文王乎？"
太子曰："甚善。敬驰期，更择日。"

惠子非徒行其说也，又令魏太子未葬其先王而因又说文王之义。说文王之义以示天下，岂小功也哉！

译文

魏惠王死，下葬的日子已定。可是当天下起大雪来，积雪深得几乎能没到牛眼那么高，城郭的路无法通行，太子准备用木板构筑栈道去送葬。群臣都去谏阻太子，说："雪下得这么大还要送殡，人民一定叫苦连天。国家开支又恐怕不够，请暂缓时间，改日安葬。"太子说："做儿子的因为人民辛苦和国家开支不够的缘故，就不按期举行先王的丧礼，这不合礼法。你们不要再说了。"

大臣们都不敢再去劝说，就把这件事告诉了犀首。犀首说："我也没法劝说他，看来这事只有靠惠子了，让我去告诉惠子。"

惠子听到后说："好吧。"就驾着车去见太子，说："安葬的日期已定了吗？"太子说："是的。"惠子说："从前周王季历埋葬在终南山脚下，渗漏出来的水侵蚀了他的坟墓，露出棺材前面的横木。周文王说：'啊，先王一定是想再看一看各位大臣和百姓吧，所以才让渗漏的水把棺木露出来。'于是就把棺木挖出来，给它搭起灵棚，百姓都来朝见，三天以后才改葬。这是文王的义举啊。现在葬期虽然已定，可是雪下得很大，可以深没牛眼，牛车难以前行，太子为了能按期下葬就不顾困难，这是不是有些急躁？希望太子改个日期。先王一定是想稍微停留一下来扶护国家，安顿人民，所以才让雪下得这么大。据此推迟葬期而另择吉日，这不正是文王般的大义吗？像这样的情况还不改日安葬，想来大概是把效法文王当作羞耻了吧？"太子说："你说得太对了，请让我推迟葬期，另择吉日。"

惠子不仅实行了自己的主张，又让魏太子不匆忙安葬先王，并趁机宣扬文王义举。向天下宣扬文王的礼仪，这难道是小事吗？

智慧解读

直接了当地从人民辛苦和国家开支不够规劝太子，是一点效果也没有的。如果从太子的孝心出发，正面地以鼓励的方式叫他真正的行孝子之实，那么太子绝对是愿意改变的。所以这种让对方感到自己所言确实与他的目的一致的游说效果就很好。加上灵活的惠子巧妙地将天下大雪这个事实作了另类解释，使太子不得不听从他。"天何言哉"，其实，天下雪这样的自然事实的认识意义，不是由人的口舌、语言随意解释、变换的吗？

犀首田盼欲得齐魏之兵

原文

犀首、田盼欲得齐、魏之兵以伐赵，梁君与田侯不欲。犀首曰："请国出五万人，不过五月而赵破。"田盼曰："夫轻用其兵者，其国易危；易用其计者，其身易穷。公今言破赵大易，恐有后咎。"犀首曰："公之不慧也。夫二君者，固已不欲矣，今公又言有难以惧之，是赵不伐，而二士之谋困也。且公直言易，而事已去矣。夫难构而兵结，田侯、梁君见其危，又安敢释卒不我予乎？"田盼曰："善。"遂劝两君听犀首。犀首、田盼遂得齐、魏之兵。兵未出境，梁君、田侯恐其至而战败也，悉起兵从之，大败赵氏。

译文

犀首和田盼想率领齐、魏两国的军队去攻打赵国，魏王和齐王不同意。犀首说："请两国各出五万兵力，不超过五个月就能攻下赵国。"田盼却说："轻易动用军队，这样的国家容易出现危险；轻易使用计谋，这样的人也容易陷入困境。您现在对攻下赵国说得也太容易了，恐有后患。"犀首说："您太糊涂了。那二位君主，本来就已经不想出兵。今天您又说出困难来吓唬他们，这样不但赵国不能攻打，而且我们两人的图谋也要破产了。如果您干脆就说很容易，那么两国君王的顾虑就消除了。等到双方交战，短兵相接，齐王和魏王看到形势危险，又怎么敢放着军队不给我们用呢？"田盼说："对。"于是就合力劝说两国君主听从犀首的意见。犀首、田盼于是得到齐、魏两军的指挥权。军队还没有开出国境，魏王和齐王担心他们到了赵国要吃败仗，就调集全部军队紧跟而来，结果彻底击败了赵国。

智慧解读

犀首敢说大话在于他掌握对方的心理，如果是平实、客观的论说，怎么能激发起对方的兴趣、打动对事不明、尚在犹豫不决中的对方呢？所以论辩时有时就要加重力度、极力渲染，这样才能收到谋求的效果。这样做也不是不诚实，而是能够进一步施展计谋，最后达成自己所许诺的事项。"箭在弦上，不得不发"，等事情成了这种状况的时候，对方与你会一致努力成全事功的。

公孙衍为魏将

原文

公孙衍为魏将，与其相田绎不善。季子为衍谓梁王曰："王独不见夫服牛骖骥乎？不可以行百步。今王以衍为可使将，故用之也；而听相之计，是服牛骖骥也。牛马俱死，而不能成其功，王之国必伤矣！愿王察之。"

译文

公孙衍做魏国大将时，和魏相国田绎不睦。季子替公孙衍对魏王说："大王难道不知道用牛驾辕、用千里马拉套连一百步也不可能赶到的事吗？现在大王认为公孙衍是可以领兵的将领，因此任用他；然而您又听信相国的主意，这明显是用牛驾辕、用千里马拉套的做法。即使牛马都累死，也不能把国事做好，国家的利益势必要受到损伤！希望大王明察。"

智慧解读

类比方法形象、生动、易于理解，但进行类比的两事物没有逻辑上的必然联系，从逻辑上讲，从"用牛驾辕、用千里马拉套不会走动"是推不出国家有别扭的两重臣不能共事的结论的。但是，人们的类比又告知人们两者的相似性、可类比性。其实惯于形象思维的我们是最易接受类比的。

张仪以秦相魏

原文

张子仪以秦相魏，齐、楚怒而欲攻魏。雍沮谓张子曰："魏之所以相公者，以公相则国家安，而百姓无患。今公相而魏受兵，是魏计过也。齐、楚攻魏，公必危矣。"张子曰："然则奈何？"雍沮曰："请令齐、楚解攻。"

雍沮谓齐、楚之君曰："王亦闻张仪之约秦王乎？曰：'王若相仪于魏，齐、楚恶仪，必攻魏。魏战而胜，是齐、楚之兵折，而仪固得魏矣；若不胜魏，魏必多秦以持其国，必割地以赂王。若欲复攻，其敝不足以应秦。'此仪之所以与秦王阴相结也。今仪相魏而攻之，是使仪之计当与秦也，非所以穷仪之道也。"齐、楚之王曰："善。"乃遽解攻于魏。

译文

张仪凭借秦国的势力在魏国任相国，齐、楚两国很气愤，就想攻打魏国。雍沮对张仪说："魏国之所以让您做相国，是以为您做相国国家可以安宁。如今您为相国，魏国却遭受兵祸，这说明魏国的想法错了。倘若齐楚进攻魏国，您的处境就危险了。"张仪说："既然这样，那该怎么办呢？"雍沮说："请让我去劝说齐楚两国放弃攻魏。"

于是雍沮去对齐楚的君主说："大王可曾听说张仪和秦惠王订密约的事吗？张仪说：'大王如果能让我到魏国做国相，齐楚恨我，必定攻打魏国。若是魏国战胜了，齐、楚两国的兵力就会受损失，我就顺理成章出任魏相；若是魏国战败，魏国一定投靠秦国来保全自己的国家，必然割地给大王。齐、楚两国如果再想进攻魏国，它们已十分疲惫，怎么能与邦国周旋呢。'这就是张仪和秦王暗中勾结的原因。现在你们去攻打魏国，会促使张仪的计谋实现，而不是困厄张仪的办法。"齐楚两国的君主都说："对。"于是立即不攻魏国。

智慧解读

雍沮解救张仪，在于充分利用了齐、楚两国对张仪的仇恨，让敌方误以为行使计谋会陷进圈套，告知敌方这样的计划非但达成不了目的，反而会帮倒忙，于是敌方就会放弃计划，从而挫败了敌方的原来有害于我方的谋划。这就是称为"将计就计"的谋略。谋略家们想得广、看得远，料事如神，经常指出各种事情的结果，你如果能经常在事情之初就判断它的结果的多种可能性，那么你的预见能力和说服能力就会大大加强。

张仪为秦连横说魏王

原文

张仪为秦连横，说魏王曰："魏地方不至千里，卒不过三十万人。地四平，诸侯四通，条达辐凑，无有名山大川之阻。从郑至梁，不过百里；从陈至梁，二百余里。马驰人趋，不待倦而至梁。南与楚境，西与韩境，北与赵境，东与齐境，卒戍四方。守亭障者参列。粟粮漕庾，不下十万。魏之地势，故战场也。魏南与楚而不与齐，则齐攻其东；东与齐而不与赵，则赵攻其北；不合于韩，则韩攻其西；不亲于楚，则楚攻其南。此所谓四分五裂之道也。

且夫诸侯之为从者，以安社稷、尊主、强兵、显名也。合从者，一天下，约为兄弟，刑白马以盟于洹水之上，以相坚也。夫亲昆弟，同父母，尚有争钱财。而欲恃诈伪反复苏秦之余谋，其不可以成亦明矣。

大王不事秦，秦下兵攻河外，拔卷、衍、燕、酸枣，劫卫取晋阳，则赵不南；赵不南则魏不北，魏不北，则从道绝。从道绝，则大王之国欲求无危，不可得也。秦挟韩而攻魏，韩劫于秦，不敢不听。秦、韩为一国，魏之亡可立而须也，此臣之所以为大王患也。

为大王计，莫如事秦，事秦则楚、韩必不敢动；无楚、韩之患，则大王高枕而卧，国必无忧矣。

且夫秦之所欲弱莫如楚，而能弱楚者莫若魏。楚虽有富大之名，其实空虚；其卒虽众多，言而轻走易北，不敢坚战。魏之兵南面而伐，胜楚必矣。夫亏楚而益魏，攻楚而适秦，内嫁祸安国，此善事也。大王不听臣，秦甲出而东，虽欲事秦而不可得也。

且夫从人多奋辞而寡可信，说一诸侯之王，出而乘其车；约一国而反，成而封侯之基。是故天下之游士，莫不抢腕、瞋目、切齿以言从之便，以说人主。人主览其辞，牵其说，恶得无眩哉？臣闻繁羽沉舟，群轻折轴，众口铄金，故愿大王之熟计之也。"

魏王曰："寡人蠢愚，前计失之。请称东藩，筑帝宫，受冠带，词春秋，效河外。"

译文

张仪为秦国连横之事，去游说魏襄王说："魏国的领土方圆不到一千里，士兵不超过三十万人。四周地势平坦，与四方诸侯交通便利，犹如车轮辐条都集聚在车轴上一般，更没有高山深川的阻隔。从郑国到魏国，不过百来里；从陈国到魏国，也只有二百余里。人奔马跑，等不到疲倦就到了魏国。南边与楚国接壤，西边是韩国，北边是赵国，东边与齐国相邻，魏国士兵要守卫四方边界。守境的小亭和屏障接连排列。运粮的河道和储米的粮仓，不少于十万。魏国的地势，原本就是适合作战的地方。如果魏国向南亲近楚国而不亲近齐国，那齐国就会进攻你们的东面；向东亲附齐国而不亲附赵国，那赵国就会由北面来进攻你们；不和韩国联合，那么韩国就会攻打你们西面；不和楚国亲善，那南面就会危险了。这就是人们所说的四分五裂的地理位置。

　　再说诸侯组织合纵阵线，说是为了使社稷安定，君主尊贵，兵力强大，名声显赫。现在合纵的国家想要联合诸侯，结为兄弟，在洹水之滨宰杀白马，歃血为盟，以示坚守信约。然而同一父母所生的亲兄弟，尚且还有争夺钱财的。而您却想依靠欺诈虚伪、反复无常的苏秦所残留的计策，这明显不可能成功。如果大王不臣服于秦国，秦国将发兵进攻河外，占领卷、衍、南燕、酸枣等地，胁迫卫国夺取晋阳，那么赵国就不能南下支援魏国；赵国不能南下，那么魏国也就不能北上联合赵国；魏国不能联络赵国，那么合纵的通道就断绝了。合纵的通道一断，那么大王的国家再想不危险就不可能了。再有，秦国若是挟制韩国来攻打魏国，韩国迫于秦国的压力，一定不敢不听从。秦韩结为一体，那魏国灭亡之期就不远了，这就是我为大王担心的原因。我替大王考虑，不如归顺秦国，归顺了秦国，那么楚韩必定不敢轻举妄动；没了楚韩的侵扰，大王就可以高枕无忧了，国家也一定不会有忧患了。

　　再说，秦国想要削弱的莫过于楚国，而能抑制楚国的又莫不过魏国。楚国虽然有富足强大的名声，但实际上空虚得很；它的士兵虽然多，但大部分容易逃跑败退，不敢打硬仗；如果出动魏国军队向南讨伐，必定能战胜楚国。这样看来，让楚国吃亏而魏国得到好处，攻打楚国取悦秦国，把灾祸转嫁给别人，安定国家，这可是件大好事啊。大王如果不听我的意见，秦兵出动，即使想归顺也不可能了。而且主张合纵的人大都夸大其辞、不可信赖，他们游说一个君主，出来就乘坐那个君主赏赐给他的车子，联合一个诸侯成功返回故国，他就有了封侯的资本。所以天下游说之士，没有不每天都捏着手腕，瞪着眼睛，咬牙切齿地高谈阔论合纵的好处，以博得君王的欢心。君王们接受他们的巧辩，被他们的空话牵动，怎能不头昏目眩呢？我听说羽毛多了也可以压沉船只，轻的东西装多了也可以压断车轴，众口一词足以熔化金属，所以请大王仔细考虑这个问题。"

魏王说："我太愚蠢，以前的策略错了。我愿意做秦国东方的藩臣，给秦王修建行宫，接受秦国的封赏，春秋两季贡献祭品，并献上河外的土地。"

智慧解读

这次苏秦与张仪的论辩，看来还是以张仪获胜而告终。张仪的连横游说向来以暴力威胁为后盾，大肆渲染秦国武力侵略的严重后果，让弱国的国君胆战心惊。如果说苏秦在进行鼓舞斗志的工作的话，那么张仪就在进瓦解斗志的工作。

同是一个魏国，在苏秦看来既有地缘优势，又实力雄厚、足以与秦国抗衡；在张仪口中却变得势单力薄，地理上也处于四分五裂的位置，惟有侍奉秦国别无出路。语言对事实的改变、颠倒作用如此巨大，以致魏王左右摇摆、无所适从。同是合纵，在苏秦看来必能形成抗衡强秦的联盟和战略，在张仪看来由于利益不同、人心不合，终究会成为一盘散沙。历史的发展似乎证明了张仪的洞见，但无论胜败，苏秦和张仪的雄辩都值得千古传诵、研读。

苏子为赵合从说魏王

原文

苏子为赵合从说魏王曰:"大王之地,南有鸿沟、陈、汝南,有许、鄢、昆阳、邵陵、舞阳、新郪;东有淮、颍、沂、黄、煮枣、海盐、无疎;西有长城之界;北有河外、卷、衍、酸枣,地方千里。地名虽小,然而庐田庑舍,曾无所刍牧牛马之地。人民之众,车马之多,日夜行不休已,无以异于三军之众。臣窃料之,大王之国不下于楚。然横人谋王,外交强虎狼之秦,以侵天下,卒有国患,不被其祸。夫挟强秦之势,以内劫其主,罪无过此者。且魏,天下之强国也;大王,天下之贤主也。今乃劫有意西面而事秦,称东藩,筑帝宫,受冠带,祠春秋,臣窃为大王愧之。

臣闻越王勾践以散卒三千,禽夫差于干遂;武王卒三千人,革车三百乘,斩纣于牧之野。岂其士卒众哉?诚能振其威也。今窃闻大王之卒,武力二十余万,苍头二千万,奋击二十万,厮徒十万,车六百乘,骑五千匹。此其过越王勾践、武王远矣。今乃于辟臣之说,而欲臣事秦。夫事秦必割地效质,故兵未用而国已亏矣。凡群臣之言事秦者,皆奸臣,非忠臣也。夫为人臣,割其主之地以求外交,偷取一旦之功而不顾其后,破公家而成私门,外挟强秦之势以内劫其主,以求割地,愿大王之熟察之也。

《周书》曰:'绵绵不绝,缦缦奈何?毫毛不拔,将成斧柯。

前虑不定，后有大患。'将奈之何？大王诚能听臣，六国从亲，专心并力，则必无强秦之患。故敝邑赵王使使臣献愚计，奉明约，在大王诏之。"魏王曰："寡人不肖，未尝得闻明教。今主君以赵王之诏诏之，敬以国从。"

译文

苏秦为了赵国合纵游说魏襄王道："大王的国土，南边有鸿沟、陈地、汝南，还有许地、鄢地、昆阳、召陵、舞阳、新郪；东边有淮水、颍水、沂水、外黄、煮枣、海盐、无疎；西有长城边界；北有河外、卷地、衍地、酸枣，土地纵横千里。地方名义上虽然狭小，但房屋田舍十分密集，甚至没有放牧牛马的地方。人民众多，车马成群，日夜奔驰，络绎不绝，其声势和三军士兵相比没有什么区别。我私下里估计，大王的国力不亚于楚国。然而那些主张连横的人却劝说大王结交像虎狼一样强暴的秦国，若国家因此遭受祸患，他们又不肯为您分忧。他们依仗强秦的势力，在国内胁迫君主，罪过没有比这更大的了。再说魏国是天下的强国，大王是天下贤明的君主，如今竟有意投向西方服事秦国，自称是秦国东方的属国，建筑秦帝行宫，接受秦的封赏，春秋两季给它进贡助祭，我心里替大王惭愧。

听说越王勾践靠三千残兵败将，在干隧擒获了夫差；周武王也仅有三千士兵，三百辆战车，在牧野杀死了商纣王。难道是他们士兵多吗？实在是因为他们能振奋自己的雄威啊！如今我听说大王的兵力，常备军二十万，青布裹头的士兵二十万，精兵二十万，勤杂部队十万，还有六百辆战车，五千匹战马。这肯定远远超过越王勾践和武王的力量！如今您却迫于谗臣的邪说，想要臣服于秦国。事奉秦国一定得割让土地送上人质，因此军队还没用上而国家的元气已经亏损了。群臣之中凡是主张侍奉秦国的人，都是奸臣，绝不是忠臣。作为臣子却割让君主的土地与外国勾结；窃取一时的功名和好处，却不顾及后患；损害国家的利益，去满足个人的私利与欲望；在国外仰仗强秦威势，在国内胁迫自己的君主割让土地，对于卑劣行为，希望大王慎重考虑。

《周书》上说：'微弱时如不及早斩断，等到长大了就没办法；幼小时如不及早铲除，将来长大了就得用斧头砍。'事先要当机立断，否则事后必有大祸，到那时不知怎么办。如果大王真能听从我的意见，六国合纵相亲，齐心合力，就一定不会遭受强秦的侵犯。所以敝国赵王派我来进献愚计，呈上盟约，听凭大王诏令。"魏王说："我没有才能，以前从未听过这样高明的指教。现在您以赵王的诏令来教导我，我愿意率领全国民众听从您的安排。"

智慧解读

苏秦的合纵游说，最大特点就在于鼓舞各国决不屈服的斗志。当时各国摄于秦国的淫威，意志和精神都快要崩溃。鼓舞他人，首先要使对方认识到自己的实力，重估自己的价值，重新树立独立自主、决不俯首称臣的信心。在说明魏国实力的同时，苏秦又列举历史上以弱胜强的众多事例，还针锋相对、斥责那些连横事秦者道德上的卑污。最后又鼓励魏王当机立断，走向联合抗秦的道路。一番慷慨陈词，一气呵成，让人精神上受到鼓舞，道理上认清了形势，确实树立了抗暴的信心。

魏武侯与诸大夫浮于西河

原文

　　魏武侯与诸大夫浮于西河，称曰："河山之险，岂不亦信固哉！"王钟侍王，曰："此晋国之所以强也。若善修之，则霸王之业具矣。"吴起对曰："吾君之言，危国之道也；而子又附之，是危也。"武侯忿然曰："子之言有说乎？"

　　吴起对曰："河山之险，信不足保也；是伯王之业，不从此也。昔者三苗之居，左彭蠡之波，右有洞庭之水，文山在其南，而衡山在其北。恃此险也，为政不善，而禹放逐之。夫夏桀之国，左天门之阴，而右天溪之阳，庐、繳在其北，伊、洛出其南。有此险也，然为政不善，而汤伐之。殷纣之国，左孟门而右漳、釜，前带河，后被山。有此险也，然为政不善，而武王伐之。且君亲从臣而胜降城，城非不高也，人民非不众也，然而可得并者，政恶故也。从是观之，地形险阻，奚足以霸王矣！"

　　武侯曰："善。吾乃今日闻圣人之言也！西河之政，专委之子矣。"

译文

　　魏武侯和大臣们乘船在西河上游玩，魏武侯赞叹道："河山这样的险峻，边防难道不是很坚固吗！"大臣王钟在旁边陪坐，说："这就是晋国强大的原因。如果再修明政治，那么我们魏国称霸天下的条件就具备了。"吴起回答说："我们君主的话，是危国言论；可是你又来附和，这就更加危险了。"

武侯很气愤地说："你这话是什么道理？"吴起回答说："河山的险是不能依靠的，霸业从不在河山险要处产生。过去三苗居住的地方，左有彭蠡湖，右有洞庭湖，岐山居北面，衡山处南面。虽然有这些天险依仗，可是政事治理不好，结果大禹赶走了他们。夏桀的国家，左面是天门山的北麓，右边是天溪山的南边，庐山和峄山在二山北部，伊水、洛水流经它的南面。有这样的天险，但是没有治理好国政，结果被商汤攻破了。殷纣的国家，左边有孟门山，右边有漳水和滏水，前面对着黄河，后面靠着山。虽有这样的天险，然而国家治理不好，遭到周武王的讨伐。再说您曾经亲自率领我们占领、攻陷了多少城邑，那些城的墙不是不高，人不是不多，然而能够攻破它们，那还不是因为他们政治腐败的缘故吗？由此看来，靠着地形险峻，怎么能成就霸业呢？"

武侯说："好啊。我今天终于听到明哲的政论了！西河的政务，就全托付给您了。"

智慧解读

古往今来的社会兴衰，关键因素是国家的政务是否清明、制度是否进步。至于地形、自然灾害之类的原因只是枝节问题。同一个中国，改革开放前后就是两个不同的面貌，世界上许多国家和国家之间自然资源相差不大，但强弱兴衰各有不同，其中的关键因素是制度不同。所以制度的进步才是国家兴盛的关键。

吴起非常善于说服君王，首先他以惊人之语抓住了听众的心，他居然说君主的话是危国之言，这确实是很好的开场白。然后他列举三苗、夏桀、殷纣虽有地理天险但由于国家不能治理而亡国的先例，最后现身说法，从听众的亲身经历再次证明自己观点的正确。整个论证具有事实和逻辑的强大力量，听后不能不折服于吴起的雄辩与高见。

乐羊为魏将

原文

乐羊为魏将，攻中山。其子在中山，中山之君烹其子而遗之羹，乐羊坐于幕下而啜之，尽一杯。文侯谓睹师赞曰："乐羊以我之故，食其子之肉。"赞对曰："其子之肉尚食之，其谁不食！"乐羊既罢中山，文侯赏其功而疑其心。

译文

乐羊作为魏国的将领攻打中山国。当时他的儿子就在中山国内，中山国国君把他的儿子煮成人肉羹送给他。乐羊就坐在军帐内端着肉羹喝了起来，一杯全喝完了。魏文侯对睹师赞说："乐羊为了我的国家，竟吃了自己儿子的肉。"睹师赞却说："连儿子的肉都吃了，还有谁的肉他不敢吃呢！"乐羊攻占中山国之后，魏文侯虽然奖赏了他的战功，却怀疑起他的心地来。

智慧解读

为了崇高的目的就可以置骨肉亲情于不顾吗？乐羊的手段大大地违背了目的，丧失了人道，竟让人怀疑起他的人性来。"文革"期间为了"革命"很多人连亲人都陷害、残害，人伦道德丝毫不顾，要这样的"革命"干什么呢？故我们一定要警惕那些打着革命、国家、人道等漂亮旗号而实际上心地残忍、灭绝人性的衣冠禽兽。他们为一些骗人的目的什么手段都可以采取，就是他们的目的实现了，他们在人格上的失败也是注定的。

人们一般认为，政治家是为达目的不择手段的。实际上，手段还是要进行选择的。首先，手段取决于目的，这个目的一定是要正确的，有关国家大义的；其次，要看这个手段能否达成目的，如果手段本身的使用违背了目的，使用手段造成的负效大于目的应产生的效益，那么这个手段是不应该采取的。

符合上述二点要求的高明手段很多，如美国向日本投放原子弹，造成数十万人丧生，但却迫使日本投降。如果采取进攻日本本土迫使其投降的手段，估计死亡人数倍于广岛、长崎居民。在这里，作为手段的投放原子弹虽然造成不少负效，但却避免了其他手段造成的更大负效，赢得了政治目的的实现。

乐羊之引人怀疑，在于他使用的手段过于残酷，大大超过甚至背离了对国家表达忠心这个目的。

知伯索地于魏桓子

原文

知伯索地于魏桓子，魏桓子弗予。任章曰："何故弗予？"桓子曰："无故索地，故弗予。"任章曰："无故索地，邻国必恐；重欲无厌，天下必惧。君予之地，知伯必忨，忨而轻敌，邻国惧而相亲。以相亲之兵，待轻敌之国，知氏之命不长矣！《周书》曰：'将欲败之，必姑辅之；将欲取之，必姑与之。'君不如与之，以骄知伯。君何释以天下图知氏，而独以吾国为知氏质乎？"君曰："善。"乃与之万家之邑一。知伯大说，因索蔡、皋梁于赵，赵弗与，因围晋阳。韩、魏反于外，赵氏应之于内，知氏遂亡。

译文

知伯向魏桓子索要土地，魏桓子不给。任章问他道："为什么不给他呢？"桓子说："无缘无故来索要土地，所以不给。"任章说："没有缘由就索取土地，邻国一定害怕；胃口太大又不知满足，诸侯一定都害怕。假使你把土地给了他，知伯必定越发骄横。一骄横就会轻敌，邻国害怕就自然会相互团结。用相互团结的军队来防御对付轻敌的国家。知伯肯定活不长了！《周书》上说：'想要打败他，一定先要帮他一把；想要夺取他，一定先要给他一点。'所以您不如把土地给他，以便使知伯越来越骄横。您怎么能放弃和天下诸侯共同图谋知伯的机会，却偏偏让我国成为知伯的攻击对象呢?"魏桓子："好吧。"于是就把一个有万户人家的城邑给了知伯。知伯很高兴，于是就又向赵国索取蔡、皋狼等地，赵国不答应，知伯就围攻晋阳。这时韩魏从国外反击，赵氏从国内接应，知伯于是很快就灭亡了。

智慧解读

　　谋士的高明就在于能够反常思维，而且看问题看得长远。一般人面对知伯的无理要求第一反应就是拒绝，但是谋略家们就具有不同于常人的心态和思维，用表面的、暂时的曲意逢迎换来最终的胜利和报仇雪恨。这种迂回曲折的思维方式，是谋略的一大特色。我们在生活工作中也会遇到众多狂妄自大的人，对待这类人大可不必直接顶撞，我们完全可以在忍耐等待中寻求众人的支持，因为狂妄自大，必然招致众怨，引起众怒。多行不义必自毙，看你横行到几时?

赵太后新用事

原文

　　赵太后新用事，秦急攻之。赵氏求救于齐。齐曰："必以长安君为质，兵乃出。"太后不肯，大臣强谏。太后明谓左右："有复言令长安君为质者，老妇必唾其面。"

　　左师触龙愿见太后。太后盛气而揖之。入而徐趋，至而自谢，曰："老臣病足，曾不能疾走，不得见久矣。窃自恕，而恐太后玉体之有所郄也，故愿望见太后。"太后曰："老妇恃辇而行。"曰："日食饮得无衰乎？"曰："恃粥耳。"曰："老臣今者殊不欲食，乃自强步，日三四里，少益耆食，和于身也。"太后曰："老妇不能。"太后之色少解。

　　左师公曰："老臣贱息舒祺，最少，不肖。而臣衰，窃爱怜之，愿令得补黑衣之数，以卫王宫，没死以闻。"太后曰："敬诺。年几何矣？"对曰："十五岁矣。虽少，愿及未填沟壑而托之。"太后曰："丈夫亦爱怜其少子乎？"对曰："甚于妇人。"太后笑曰："妇人异甚。"对曰："老臣窃以为媪之爱燕后贤于长安君。"曰："君过矣，不若长安君之甚。"左师公曰："父母之爱子，则为之计深远。媪之送燕后也，持其踵为之泣，念悲其远也，亦哀之矣。已行，非弗思也，祭祀必祝之，祝曰：'必勿使反。'岂非计久长，有子孙相继为王也哉？"太后曰："然。"左师公曰："今三世以前，至于赵之为赵，赵主之子孙侯者，其继有在者乎？"曰："无有。"曰："微独赵，诸侯有在者乎？"曰："老妇不闻也。""此其近者祸及身，远者及其子孙。岂人主之子孙则必不善哉？位尊而无功，奉厚而无劳，而挟重器多也。今媪尊长安君之位，而封之以膏腴之地，多予之重器，而不及今令有功于国。一旦山陵崩，长安君何以自托于赵？老臣以媪为长安君计短也，故以为其爱不若燕后。"太后曰："诺。恣君之所使之。"于是为长安君约车百乘，质于齐，齐兵乃出。

　　子义闻之曰："人主之子也，骨肉之亲也，犹不能恃无功之尊，无劳之奉，而守金玉之重也，而况人臣乎？"

译文

赵太后刚刚主持国政，秦国就加紧攻赵。赵国向齐国请求救援。齐国说："必须让长安君来做人质，我们才会出兵。"赵太后不肯，大臣们都极力劝谏。赵太后明确地告诫左右大臣们："谁要是再提起叫长安君做人质的事，我一定吐他一脸唾沫。"

左师触龙说自己想拜见太后，太后怒气冲冲地等待着他。触龙进宫后慢慢走上前去，走到太后跟前就向她谢罪，说："老臣的脚有毛病，一直无法正常行走，很久没有拜见太后您了。虽然自己原谅自己，但仍然担心太后您的身体欠安，所以希望能拜见一下太后。"赵太后说："我只能靠车子行动了。"触龙问："每天饮食该不会减少吧？"太后说："靠喝点粥维持。"触龙说："老臣最近很不想吃东西，就勉强散散步，每天走上三四里，渐渐地喜欢吃东西了，身体也舒服了。"太后说："我可做不到这点啊。"太后的脸色稍微缓和了些。

左师触龙说："老臣我有个儿子叫舒祺，年龄最小，没什么出息。我已经年老体衰了，私下里很疼爱他。我希望他能充当一名王宫卫士，来保卫王宫，因此我冒死来向太后提出这一请求。"太后说："好吧。他今年多大了？"触龙答道："十五岁了。虽然年纪尚小，老臣还是想趁着自己没死之前把他托付给您。"太后说："男子汉也疼爱自己的小儿子吧？"触龙答道："比妇人家还厉害。"太后笑着说："妇人家疼爱小儿子才特别厉害呢。"触龙说："老臣私下里还认为您疼爱燕后要超过长安君呢。"太后说："你错了，我疼爱